書物と貨幣の五千年史

永田 希

Nagata Nozomi

まえがき

ブラックボックスに取り囲まれて

世界はひとつの巨大なブラックボックスであり、無数の小さなブラックボックスが集合したものでもあります。わたしたちはブラックボックスのなかで、それらに囲まれつつ、それらを読み解き、分解し、またあらたなブラックボックスを組み立てることで生きています。

本論ではブラックボックスを代表するものとして書物（本）、貨幣（お金）、そしてコンピューター（機械、計算機）をとらえ、その成り立ちをまず辿《たど》っていきます。

たとえば読んだはずの本も、これから読むつもりの本も、さらにはどちらでもない「読もうと思っていない本」も、その中身を完全に理解している読者はいません。書かれていることを理解しようとして本を読む人には認めがたいことでしょうが、書物は「なかに何が収められているのかわからないもの」つまりブラックボックスなのです。

ブラックボックスとは、内部があきらかになっていないもののことです。読めばわかるはずの書物を指してブラックボックスと呼ぶことに強い違和感を覚える人もいるかもしれません。しかし考えてみてください。「読めばわかる」ということはつまり、「読むまではわからない」ということなのではないでしょうか。良い書物は繰り返し読むことに耐えるとよくいわれます。これは読むたびに新しい発見があるということにほかなりません。「読めばわかる」はずの本ですが、読んでも読んでも「まだわからない」ことがありえるということです。

本論で本（書物）と並べて主題にしているのは貨幣（お金）です。たとえば千円札は「千円」という額面（文字）が繊細な図案とともに印刷されただけの紙切れです。にもかかわらず千円札は「千円」の価値をもったものとして、千円分の買い物に使用できます。千円札という貨幣は、千円分の買い物を可能にする機能を内蔵したブラックボックスなのです。

文字と図案を印刷しただけの紙が、その紙や染み込んだインク以上の価値をもつという意味で書物と貨幣は似たものどうしなのです。書物と貨幣に共通する部分、それを本論では「ブラックボックス」と呼んでいます。

現在、世の中には膨大な書物と貨幣が流通しています。そこには、いましがた例に挙げた「紙に印刷されたもの」としての紙の本や紙のお金だけではなく、いわゆる電子書籍や電子貨幣も含まれています。電子書籍や電子貨幣にはコンピューターが欠かせないのはいうまでもないことでしょう。そしてコンピューターは、書物や貨幣よりもいっそうブラックボックスらしい存在です。キーボードで入力した文字がモニターディスプレイに表示（出力）される仕組みを理解している人はコンピューターユーザーのごく一部です。それどころか、コンピューターは現代社会にあまりにも深く浸透しているために、それをつかっていることを自覚していない人も、もはや珍しくはありません。

書物、貨幣、コンピューター。現代人は何重にもブラックボックスに取り巻かれ、支えられているのです。

本論の構成

本論は四章で構成されています。

二〇世紀以降の約百二十年間を遡《さかのぼ》る第一章、一九世紀から文字の誕生までを遡るのが第二章。本論全体の前半をなす第一章と第二章はいわば歴史編です。

本論の後半は現代思想とブラックボックスの関係を概説する理論編というべき第三章、そしてさまざまな小説を論じながら、そこに描かれた主観時間と客観時間の対比をめぐる、いわば応用編となる第四章が続きます。

本論の構成は、後半（第三章、第四章）が抽象的すぎると感じる読者のために歴史編を「具体例」として前半に配置しています。前半を少し読んでみて「抽象度が低い」と感じた方は先に後半を読んでから前半を読むとわかりやすいと思います。

以下では各章で扱われるトピックを概観して、本論全体の見取り図を提示します。

第一章　すべてがブラックボックスになる

電子貨幣、電子書籍、電子決済を入り口に、現代における書物と貨幣の変遷を辿りながら、現代人の生活のなかで不可視化されているものは何かを示します。

第二章　情報革命の諸段階、情報濁流の生成過程

産業革命とそれ以前の歴史を辿ることで、第一章でみた現代人にとって不可視化されているものの源流を探ります。産業革命、複式簿記、印刷や紙やインクのような書字技術、言語など、現代のブラックボックスに入れ子状に畳み込まれた、近代以前のブラックボックスの数々をここではみていきます。

第三章　人間は印字されたページの束である

ヒュームの認識論、ソシュールの言語論、スティグレールの技術論を経由して、香港《ホンコン》出身の哲学者ユク・ホイにとっての「リ・アプロプリエーション reappropriation」概念を紹介します。これは、ブラックボックスとして不可視化されたものを「ふたたび自分のものにし直す」試みとしてとらえられる考え方です。

第四章　物語と時間

芥川龍之介、アンドレ・ジッド、トーマス・マン、マルセル・プルースト、ミヒャエル・エンデ、ホルヘ・ルイス・ボルヘス、そしてグレッグ・イーガンやテッド・チャンらの、文学からSFまでさまざまな作品を取り上げながら、ここまで論じてきたブラックボックスの主題を、「永遠」と「生きられる時間」というふたつの時間の問題（客観時間と主観時間）として読み換えます。

ブラックボックスは箱状のイメージをもつ概念です。その空間的なイメージで、歴史を遡ったり客観時間や主観時間を論じるのは不思議に思われるでしょう。しかしブラックボックスという「箱」には、もとより「なかを開けてみる」という動きをともなう時間性が付随しています。本論はブラックボックスを開けたり閉めたりしながら進んでいきます。

開けてみるまではなかがどうなっているかわからないもの、つまりブラックボックスを開き、その中身をあきらかにすることでその成り立ちや仕組みを知ること。組み立てられた製品を解体して、その仕組みを調べることをリバースエンジニアリングといいますが、世界はリバースエンジニアリングを待っているのです。

リバースエンジニアリングによって、設計図のないものの仕組みをつかみ、ふたたび組み立て直したり、別の製品を開発する際の参考にすることができるようになります。本論ではこれから、この世の中にあふれているさまざまな製品や制度を取り上げ、それぞれの仕組みを概説していきます。第一章、第二章の歴史編が、よくある歴史記述のように過去から現在へという順ではなく、現在から過去へと向かって遡っていくのは、それが本論の目的であるブラックボックスのリバースエンジニアリングのパフォーマンスだからです。

さあ、ページをめくって、ブラックボックスのなかを覗《のぞ》いてみましょう。

目次

第二章　情報革命の諸段階、情報濁流の生成過程 ―― 71

第四章　物語と時間

図版作成／株式会社ウエイド

第一章　すべてがブラックボックスになる

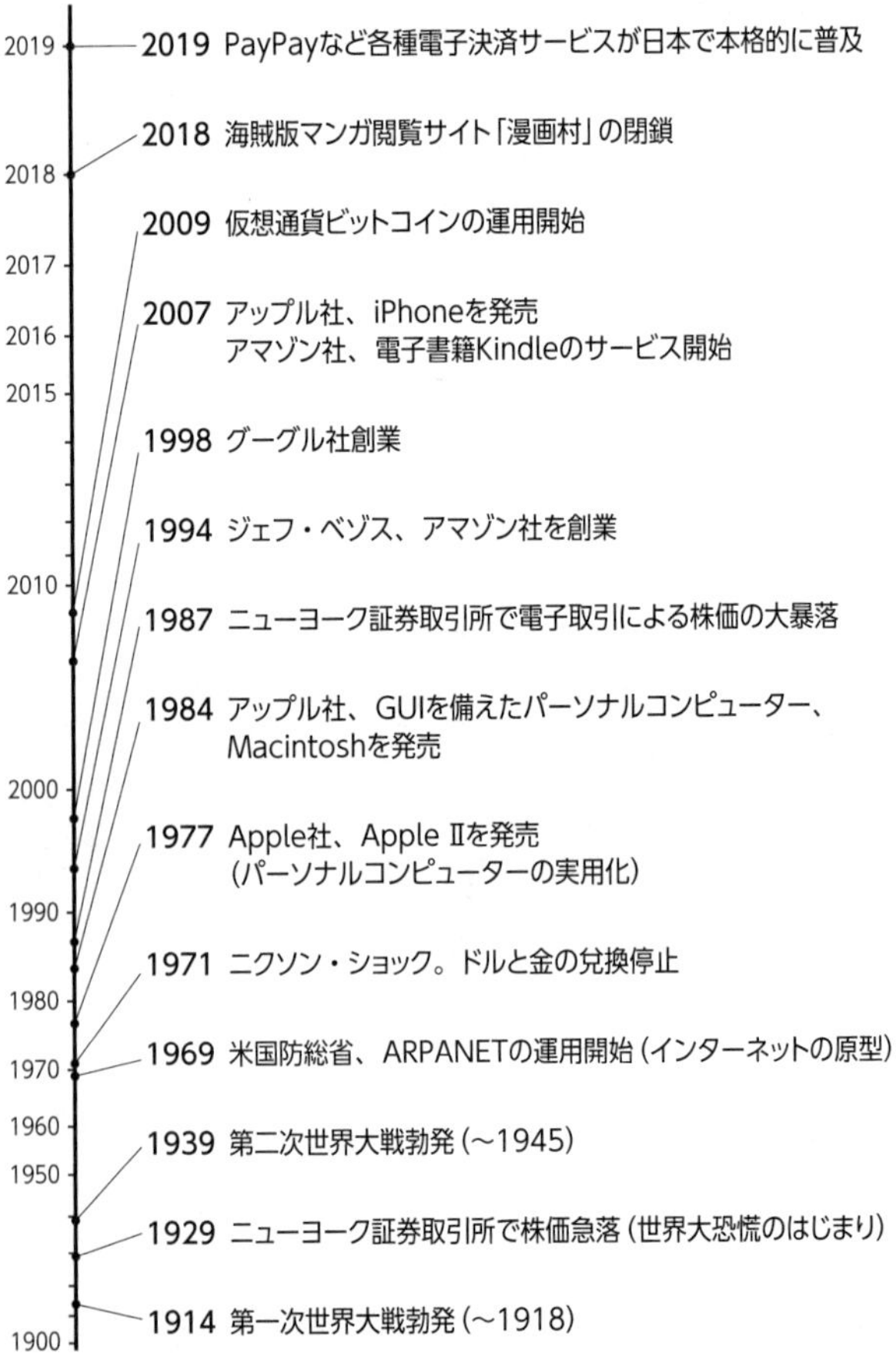

2019 PayPayなど各種電子決済サービスが日本で本格的に普及
2018 海賊版マンガ閲覧サイト「漫画村」の閉鎖
2009 仮想通貨ビットコインの運用開始
2007 アップル社、iPhoneを発売
アマゾン社、電子書籍Kindleのサービス開始
1998 グーグル社創業
1994 ジェフ・ベゾス、アマゾン社を創業
1987 ニューヨーク証券取引所で電子取引による株価の大暴落
1984 アップル社、GUIを備えたパーソナルコンピューター、
Macintoshを発売
1977 Apple社、Apple IIを発売
(パーソナルコンピューターの実用化)
1971 ニクソン・ショック。ドルと金の兌換停止
1969 米国防総省、ARPANETの運用開始(インターネットの原型)
1939 第二次世界大戦勃発(～1945)
1929 ニューヨーク証券取引所で株価急落(世界大恐慌のはじまり)
1914 第一次世界大戦勃発(～1918)
2019
2018
2017
2016
2015
2010
2000
1990
1980
1970
1960
1950
1900

第一章・第二章では歴史を遡っていきます。
文中で扱われている出来事の流れを把握したい方は、
この年表を参照してみてください。
(縦軸は対数目盛を採用しています)

1・1　モバイル革命とは何か

手のひらのなかのブラックボックス

この原稿は、アップル社の iPhone のメモアプリをつかって書かれています。この手のひらに収まる小型デバイスと、このデバイスが接続しているインターネット、そしてインターネットを介してわたしたちが接続しているさまざまなモノによって、わたしたちの環境はいま大きな変動のただなかにあります。

いまこの手のなかにある iPhone が、どのような仕組みで動いているのか、わたしは知りません。内蔵された電池が充電され、その電力によって動いていることはわかります。タッチパネルから入力された情報が画面に映し出されていることもわかります。しかしそれより詳しいことはわかりません。どう動いているのかが、不可視化されている。いわば iPhone はひとつのブラックボックスなのです。

日本でソフトバンクモバイルが独占的に iPhone の販売を開始したのは、二〇〇八年のことでした（現在はドコモやauなどの他キャリアも取り扱っています）。日本でのiPhoneのシェアは二〇一九年末時点で六十六パーセント、世界でのiPhoneのシェアは二十から三十パーセント、競合するグーグル社のAndroidが七十パーセント台です。スマートフォン（スマホ）全体の出荷台数は二〇一九年のデータで約十三億七千万台。これらの数値は調査の仕方によって異なりますが、二〇一九年の世界人口は七十七億人なので、単純計算で六人にひとり以上がスマホをもっているという計算になります。

日本でiPhoneが発売されてから十年後の二〇一八年、ソフトバンクとヤフーの合弁会社として誕生したPayPay社は、同年末から「100億円あげちゃうキャンペーン」を展開しました。同社は、スマホの画面に表示するバーコードでの決済サービスとアプリのPayPayを運営する企業です。

スマホを利用したバーコード決済は、中国ではアリババグループのAlipayなどによって爆発的に普及していました。日本では、LINEグループのLINE Pay、楽天グループの楽天ペイも同時期にサービスを開始しましたが、PayPayは十万円を上限とするチャージ残高へのキャッシュバックをするというこのキャンペーンによって、日本における電子通貨（電子マネー）利用の普及におおいに貢献しました。

なお百億円というのは、全ユーザーに対するキャッシュバックの総額として指定された金額です。運が良ければ実質的に無料で十万円分の買い物ができる、ということでキャンペーンに参加する人は増えるのですが、総額に上限があるため、早めにつかわなければキャンペーンが終わってしまう。スマホユーザーのあいだには奇妙な高揚感が充満しました。

このキャンペーンは四ヶ月の期間を想定していたものの、年末商戦が盛り上がる真《ま》っ只中《ただなか》、わずか十日で百億円の上限に到達し、終了しました。PayPay はソフトバンクグループに大きな利益をもたらしました。

電子マネーが不可視化したもの

PayPay などの電子マネー・電子決済サービスは、貨幣を不可視化するサービスです。「物理的な紙幣や硬貨を財布から取り出して支払いをする」という手間が、「スマホのアプリを起動して店員に提示する」動作に置き換えられました。さらに、この支払いの動作は単に貨幣を不可視化しているだけではなく、動画のサブスクリプションサービスと同様、顧客の属性情報と購買行動データを売り手側に提供することでもあります。

PayPay の「100億円あげちゃうキャンペーン」による熱狂とほぼ同時期に、大手コンビニエンスストアチェーンのファミリーマートは大きな決断をしています。それまで独占契約だったTポイントとの関係を解消し、独自のファミペイ・ポイントを含むその他のポイント（電子マネー）を貯められるようにしたのです。Tポイントを運営しているカルチュア・コンビニエンス・クラブ（CCC）グループは、電子ポイントの利用顧客データを集積し販売しています。CCCが集積したデータをファミリーマート側が利用するためには、データを集積しているCCCに利用料を支払う必要があるのです。Tポイントの独占解消の背景には、ファミリーマートが顧客データの扱いについてのCCCの主導権を拒否したという側面があります。

もちろん日常の消費購買についてデータを提供しているユーザーたちは、自分たちのデータが水面下でどのように扱われているかを知ることはありません。貨幣が不可視化されているだけではなく、属性や嗜好《しこう》などのデータも不可視化されているのです。

スマホじたいがひとつのブラックボックスであるだけでなく、電子決済サービスという大きなブラックボックス的な仕組みの一部にスマホが組み込まれており、わたしたちはその仕組みを解き明かすことができないのです。

東日本大震災と電子書籍の普及

モバイル革命の時代におきた現象でもうひとつ無視できないのは、広義の電子書籍の普及です。「電子書籍」というと、紙の本として出版されたものを電子化し、アマゾン社のKindleや楽天Koboなど専用のリーダー、もしくはアプリケーションで読めるようにしたものが一般的です。また最近ではTwitterのようなＳＮＳなどで公開された作品や、「小説家になろう」などの投稿サイトに公開された作品、noteのようなブログサービスなどで連載されていた記事をまとめて「書籍化」することもあります。

さらに著作権の保護期間を過ぎた作品を中心に文字データ化してインターネット上に公開している「青空文庫」のような電子図書館サイトもあります。「電子図書館」である青空文庫で公開されている作品もまた「電子書籍」と呼べるでしょう。

ところで青空文庫ではＸＨＴＭＬとＴＥＸＴのふたつのフォーマットにより作品が公開されています。ＸＨＴＭＬとは、Extensible HyperText Markup Languageの略称で、これはウェブページを作成するために開発され広くつかわれている言語ＨＴＭＬ（HyperText Markup Language）の一種です。

紙の束をまとめたものを書籍と呼ぶように、電子的に書かれたページをまとめたもの、たとえばウェブページの集合体であるウェブサイトもまた「電子書籍」と呼ばれてもよいはずです。

そのときの電子書籍は、もはや「紙の書籍を電子化したもの」である必要はありません。

電子書籍への流れを加速した出来事が東日本大震災でした。二〇一一年三月十一日に発生した東北地方太平洋沖地震とそれにともなう津波、すなわち東日本大震災は日本全国を流通網で覆っていた出版界にも打撃を与えました。筑摩書房の社長もつとめた菊池明郎による論文「東日本大震災と出版業界――未曽有の事態にどう対応したのか」によると、商品の被害だけでその金額は数十億円の規模におよびました。紙の書籍をつくるのに必要不可欠な「紙」をつくる製紙工場も被災し、新しく紙の本を出版することにも困難が生じました。さらに交通インフラが寸断され、燃料の供給も不足したため、流通にも大きな影響がありました。

紙の書籍に限らずあらゆる産業に暗い影を落としたこの震災の直後、人々はインターネット、とりわけSNSでの情報収集、情報発信にすがりました。流言飛語による問題を抱えながら、電子メディアに可能性を感じた人も少なくなかったはずです。

もっとも、東日本大震災のはるか以前から、出版不況だといわれていました。「本が読まれなくなった」といわれ、いわゆる紙の本の売り上げが低迷していたのです。一九九一年のバブル崩壊以降、日本の経済そのものが長い不景気に陥り、そこから抜け出せないなか、一九九〇年以降に普及したインターネットが強力な情報メディアとして台頭し、出版不況の原因はインターネットであると考える人も少なくありません。速報性を身上とする新聞は部数を減らし、広告をインターネットに奪われた雑誌も勢いを失っていきました。

それまで多くの読者が自明の「便利な仕組み」として利用していた出版のシステムが不可視化していたものが露見しつつある、現代はそのような時代です。日本の出版流通は、全国の書店に雑誌を届けるために整備されてきました。定期的に雑誌を書店に届けるときに、いわば「ついでに」雑誌以外の書籍を配本する、そのような仕組みで成り立っていたのです。

しかし雑誌の発行部数が減少し廃刊や休刊が相次いだ結果、二〇一六年、数十年ぶりに雑誌の売り上げが書籍の売り上げを下回る事態になりました。異常事態です。しかもそれは一過性のことではありませんでした。単に書籍の売り上げが雑誌を上回ったということではなく、雑誌も書籍もどちらも不振であり、かつ雑誌のほうがいっそう振るわない、という構造的な問題でした。

この状況に明るい光が差し込んだのは二〇一九年です。出版社最大手の講談社の決算が二一世紀最高（当時）の純利益となり、前年比二・五倍となったのです。この数字に大きく貢献したのが電子出版などデジタル関連の収益でした。

このデジタル関連の収益には、Kindle などのいわゆる「電子書籍」のみならず、コミック雑誌に代わるメディアとなりつつあるマンガアプリの売り上げが含まれています。一般的にはいわゆる電子書籍と認識されない場合もあるのですが、少なくとも講談社の決算書ではマンガアプリは「電子書籍」として扱われています。

そしてもちろん、このマンガアプリは基本的にスマホで閲覧されています。講談社の好決算、出版流通が疲弊しても新刊やお気に入りのマンガを読める環境、そのどちらもモバイル革命のあとの時代に可能になった現象なのです。

海賊版サイトとマンガアプリ

なお、このマンガアプリなどの売り上げと、二〇一六年に開設され、二〇一八年に閉鎖された「漫画村」なるサイトとの関係は無視できません。

漫画村は、いわゆる海賊版サイトでした。違法にコピーされたりスキャンされたマンガ作品のファイルを公開することで、作者や出版社がオンラインでの公開を許可していない作品でも読めるようにしていたのです。漫画村以外にも同様のサイトは無数に存在していました。そして漫画村がサイトを開設、運用するために利用していたクラウドフレアというアメリカのサービスは、著作権の排他性に異議を唱え、表現の自由を可能な限り尊重しようとする思想性の強いものでした。
作者や出版社が作品をオンラインで読めるようにしないことに対して「対価を払わずに作品を公開する」という方法で対抗する、また、そもそも「作品について対価を徴収する」ということについても異議申し立てを行なう、そのようなある種の「大義名分」が漫画村にはありました。この事件の基盤には、著作権などの権利を法的に主張する側と、その権利を認めないコピーレフト派の対立がありました。「きちんと対価を払いたい」という読者も一定数いましたが、著作物とそれに付随する利益のうえに立脚する従来のコンテンツ産業は、このときその基盤から挑戦されていたのです。漫画村は違法な方法でマンガ作品をデジタル化して公開し、広告収入を得ていました。漫画村が駆逐されたことで合法的な電子版の収益は大幅に回復したといわれています。

ところで読者はアプリに「入金（チャージ）」し、得られたコインやポイントを消費しながら作品を読みます。読者がチャージしたときに付与されるコインやポイントの名称は出版社やアプリごとに異なっています。集英社の「少年ジャンプ＋」は「Cコイン」、講談社の「コミックＤＡＹＳ」は「ポイント」、小学館の「マンガワン」は「チケット」と呼んでいます。

これらのマンガアプリは、マンガを読むという行為に付随していた「雑誌を買う」あるいは

「単行本を買う」という行為から「買う」動作を限りなく不可視化するものです。マンガアプリの成功は、PayPayなどの電子決済サービスが貨幣を不可視化したことと重なる現象なのです。動画のサブスクリプションサービスや電子決済サービスと同様、顧客のデータも消費購買行動に紐《ひも》づけられて製作サイドに吸い上げられていることが考えられます。これまでもアンケートで読者の反応をみながら作品が製作されることはありましたが、そのサイクルの精度が急激に高まっているのが現代なのです。

「わかりやすい悪役」の不在と複雑な不可視化

こうした時代を象徴しているのが、アマゾン・プライム・ビデオで配信されている『ザ・ボーイズ』というアメリカの連続ドラマシリーズです。同名のコミックを原作とし、アマゾン・スタジオが製作に名を連ねていますが、本作に登場するヒーローたちは「悪と戦う正義の味方」というよりは、そのイメージと超人的な能力をつかって金儲《かねもう》けをし、弱者を虐げる邪悪な存在として描かれています。

アメコミには『ウォッチメン』『キック・アス』のようなヒーローの暗部を描く人気作品が多数あります。『ザ・ボーイズ』を含め、それらはいずれも厭世《えんせい》的で過激なまでに暴力的であるという共通点があります。なぜこのような作品をアマゾン社は連続ドラマの原作に選んだのでしょうか。

アマゾン・プライム・ビデオはネットフリックスやフールーと競合関係にあるサブスクリプション型の動画配信サービスです。これらの現代的な動画サービスのビジネスモデルは、視聴者の属性と嗜好情報を収集し、得られたデータをもとに独自コンテンツを製作し、顧客をさらに囲い込むというものです。

この仕組みは、テレビが一家に一台つまり家族で共有されていた時代にはありえないものです。スマホのように「ひとり一台」が当たり前で、かつ膨大なユーザーを獲得しなければ機能しないモデルなのです。つまり『ザ・ボーイズ』という俗悪な作品がドラマ化されたのは、スマホが行き渡った時代のニーズに、この俗悪な作品が合致したという判断をアマゾン社がくだしたからにほかなりません。

『ザ・ボーイズ』は、いわば正義のためというタテマエによって不可視化された部分を描いているのです。おそらく意図的な設定ですが、ドラマ版の序盤で主人公たちが対峙《たいじ》するのはトランスルーセントという「自分を不可視化させる能力」をもったヒーローでした。トランスルーセントは自分をみえなくするために全裸になり、能力をつかいトイレで覗《のぞ》きをする「わかりやすいゲス野郎」です。

もちろん、モバイル環境で顧客のデータを収集するテック企業が『ザ・ボーイズ』のトランスルーセントのような「ゲス野郎」であるといいたいわけではありません。しかし便利なサービスの提供というタテマエによって、データの収集とその活用という裏側の仕組みは不可視化されています。ここには「わかりやすい悪役」は存在しません。ただ不可視化（ブラックボックス化）があるのです。

正義を謳《うた》うヒーローたちが悪事を働いていると告発しようとすることも、データを収集する企業群を悪役とみなすことも、どちらも陰謀論です。陰謀論は世界を単純化し、立ち向かう相手を明確にするためには有用かもしれません。エンターテインメントの枠組みとしてはヒネリが効いて良いかもしれませんが、現実はもっと複雑なのです。

何が複雑なのかといえば、さまざまなところで不可視化があり、すべてを明確に一望できないということです。さまざまな物事がブラックボックスによってつくられており、現代を生きる人々のほとんどは、わたしがiPhoneがなぜ動作するのかを理解できないように、日常で利用しているさまざまな事物が「なぜそうなっているのか」を理解しないまま、ブラックボックスのまま暮らしているのです。

1・2　スクショとデジタルトランスフォーメーション

スクショと複製

動画をみているときでも、ウェブサイトを閲覧しているときでも、電子書籍アプリやマンガアプリを開いているときでも、スマホのスクショ（スクリーンショット）をすることで、自分がみている画面をそのまま撮影できる場合があります。ただし著作権保護のために何かしらの対策がなされている場合、警告表示が出たり、撮影された画像が何も写っていない真っ暗な状態になったりします。

そのような場合でも、スマホをもう一台用意して、撮影したい画面を撮影すれば、警告表示もスクショ対策もすり抜けて、多少画質が悪くはなるものの、画面の写真を得ることはできます。かつてテレビ画面を写真に撮ったり、録音機でテレビの音を録音したりしたことと同じです。また、紙の書物をコピー機にかけたり、一字ずつ書き写したりするのも同じことのはずです。しかし本当に同じことであれば、サービス提供者もスクショ対策をしたりはしないでしょう。では何が違うのでしょうか。

スクショとスクショ以外のコピーで異なっているのは「手間」です。もう一台スマホを用意して、画質を気にしながら画面を撮影するのも、テレビに映した動画を撮影するのも、録音機を用意して録音するのも、手間がかかります。紙の本をコピーするのも、スマホでスクショをするよりは面倒でしょう。一文字一文字を書き写すのは一ページ分だけでもかなりの作業量になります。

スクショが不可視化しているのは、この「手間」です。スクショできないものをスクショしようとしたときにだけ、ユーザーはこの「手間」を意識することになります。

ところで、複製（コピー）しようとすると警告が出るものがもうひとつあります。それは紙幣です。最近の精巧なコピー機をつかって一万円札を何十枚もコピーすることができれば、何十万円分もの贋札《にせさつ》をつくれてしまうことになりますが、紙幣をコピーしようとすると警告が表示されます。現在のコピー機はこの贋札製造を防止するために、読み取り（スキャン）の段階で警告を出すプログラムが組み込まれているのです。

コンテンツや紙幣をコピーさせたくない企業や政府は、プロテクトをかけたり法律で禁止したり警告を表示させることで、ユーザーに「手間」を意識させます。「手間」があることによって、ユーザーはその「手間」を発生させる「仕組み」を意識することになるのです。

キャッチ・ミー・イフ・ユー・キャン

二〇〇二年に公開された、レオナルド・ディカプリオとトム・ハンクス主演の映画『キャッチ・ミー・イフ・ユー・キャン』は、天才詐欺師として知られるフランク・アバグネイルと彼を追い詰めたFBI捜査官カール・ハンラティの物語。実話をもとにした作品です。

フランクはアメリカでは一般的な小切手を偽造してアメリカ全土とヨーロッパを飛び回り、カールを翻弄します。フランクは最初、航空会社の小切手を手づくりで偽造し、その小切手を銀行で現金化していました。やがてフランクの偽造手段は小切手をつくる機械を購入する大掛かりなものになり、結局その機械から足がついてカールに逮捕されます。逮捕されたフランクはその天才的な偽造の手腕を買われ、FBIの顧問として活躍することになります。

ところでアメリカでは日本の銀行などの金融機関のような「振り込み取引」が一般的ではなく、ある口座にある貯金から一定の金額を小切手に書いて渡す「小切手取引」が普及しています。フランクが詐欺師として成功できたのは、この小切手が一般化しているからでした。現在もアメリカでは小切手が普及しているために、決済システムのデジタル化が進まないという問題があります。

ともあれ、フランクが小切手を手作業で偽造しはじめ、のちに機械化したことに注目しましょう。小切手を発行する機械を入手して、機械的には正式な小切手と同じものを「発行」できるようになったフランクは、結局その機械の在《あ》り処《か》を突き止められることでカールに逮捕されてしまいます。いわば、フランクは手作業の限界に突き当たって機械化したことで、尻尾をつかまれてしまったのです。

手元の小切手が現金化されうる（通用する）小切手になるためには、手間をかけて偽造したり、同じ小切手を「発行」できる機械を購入したりする必要があるわけで、それ相応の手間がかかります。いわば、この「手間」が小切手の機能を担保することになります。

誰かが構築し、誰かが運用している「仕組み」は、それがうまく回っていて、そのルールに従って利用しているあいだは、利用者にはあまり「手間」を感じさせません。しかしその「仕組み」に逆らうようなことを試みると「手間」がかかるわけです。

低フリクション化

現代の銀行業界がテクノロジーによってどのような変革を被っているのかを紹介している

『BANK4.0　未来の銀行』によると、現在から未来にかけてのキーワードは「低フリクション化」、つまり「手間（フリクション）」の削減です。

たとえば少し前までわたしたちは自分の口座にあるお金をどこかに送金したくなった場合、銀行の窓口で伝票に記入し、捺印《なついん》して手続きをする必要がありました。それがＡＴＭの導入により窓口に行く必要がなくなり、さらには電子決済の仕組みが実現され、スマホで振り込み手続きをすることができるようになりました。現在は過渡期なので、オンライン振り込みをするためには口座開設のために窓口に足を運ぶ必要がありますが、これも「窓口に足を運ぶ」という手間（フリクション）を軽減しようという流れによって、近い将来には過去のものになる可能性があります。

現に、支店の出店数が少ないアフリカやインドなどでは銀行側の機会損失を回避するために、来店なしで口座を開設できるサービスが普及して成功しています。取引のために支店窓口に足を運ばないで済む人が増えたことで銀行は取引量を増やすことができるし、ユーザーは何時間もかけて支店に行く「手間」を節約できるのです。

これが「手間」を減らす「仕組み」です。これによって人々はますます不可視化（ブラックボックス化）に気づきにくくなっていきます。

デジタルトランスフォーメーション

口座開設の際に銀行側が求めるのは、従来は身分証明書などの公的な書類でした。現在でも日本で口座を開設しようとすると口座を開設する人の身分証明書が求められます。しかしモバイルデバイスが普及し、ＥＣ（電子商取引）などが一般化してくると、公的な身分証明書がなくとも、その取引履歴によって支払い能力が保証されます。銀行は安全な取引のために、ユーザーの身元を確認する必要があるのですが、その「身元」の確認手段が従来の公的な書類である必要はないという考え方が支持されつつあります。

日本で話題になり普及したPayPayなどのＱＲコード決済（電子決済）に先んじて中国で普及しているAlipayは、運営元のアリババグループによるＥＣ事業および芝麻《ジーマ》信用というサービスと連携しています。芝麻信用は、ＥＣやAlipayでの購買行動を評価してランク付けを行ないます。ユーザーは自分の信用スコアを損なわないために取引や支払いを円滑に行なう努力を求められます。この行動履歴と信用こそが、これからの時代の「身元」になっていくというのが『BANK4.0　未来の銀行』の主張です。これまで公的な身分証明書を得られなかった人々が、モバイル革命によって口座を開設できるようになり、金融機関から融資をうけられるようにもなっていく、この動きは金融包摂（ファイナンシャルインクルージョン）と呼ばれています。

ユーザーに円滑に取引を行なってもらうことによって銀行側はユーザーの「身元」をよりよく把握できるようになります。そのために、銀行側は自社のサービスのフリクションを低減させるべく技術を進化させていき、それによって優良なユーザーを多く獲得できるようになる、という仕組みです。いうまでもなく、フリクションが低減するほど、ユーザーは仕組みの存在を感じなくなり、自分が利用しているシステムは不可視化されていきます。このように、金融（ファイナンス）のフリクションを低減させる技術（テクノロジー）はファイナンス＋テクノロジーで「フィンテック」と呼ばれます（なお、アリババグループのように金融業務に進出するテクノロジー企業を「テックフィン」と呼びます）。

ここまで書いてきたフィンテックの興隆は、電子決済とEC、そしてモバイル革命によってもたらされたものです。これは金融のデジタルトランスフォーメーションと呼ばれています。ユーザーの「信用」は、ブロックチェーンという技術によって管理されるようになります。

デジタルトランスフォーメーションによって人々の「手間」は機械化され、不可視化された「仕組み」はますますブラックボックス化されていくことになるのです。

仮想通貨バブル

二〇一七年から二〇一八年にかけて巷《ちまた》を騒がせた事件がありました。仮想通貨バブルと、その崩壊、そして仮想通貨の大手取引所コインチェックがハッキング（クラッキング）をうけ当時のレートで五百八十億円分の仮想通貨が流出した事件です。ビットコインとブロックチェーンの技術は国籍を含めて一切素性のわからないサトシ・ナカモトを名乗る人物が二〇〇八年にインターネット上に発表した論文に基づくもので、その後少しずつ利用者を増やしてきました。コインチェック事件で被害をうけたのは、ナカモトの理論に基づく仮想通貨でした。

電子マネーと仮想通貨はよく混同されます。どちらも物理的な現金ではないという点、つまり電子的で仮想的なものであるというところは共通しています。電子マネーと仮想通貨を「ぜんぜん別のもの」と説明する人もいますが、ふつうの人にとっては「物理的な現金ではない電子的で仮想的なものである」という共通点だけで両者を同じものとみなすのにじゅうぶんでしょう。しかし、電子マネーと仮想通貨を「ぜんぜん別のもの」とすることにも、またじゅうぶんな理由があるのです。

電子マネーと仮想通貨

この両者が「ぜんぜん別のもの」である理由は、その思想的な背景にあります。現在の貨幣は各国の政府や中央銀行が発行し管理しています。日本で流通している現金（通貨）は当然、日本政府と日本銀行が管理するということです。

よくいわれることですが、一万円札の製造コストは三十円もしません。三十円のコストでつくられた紙を渡して一万円の値段のものを買う、という特殊な交換が成立するのはなぜでしょうか。それは、その「紙」が日本政府と日本銀行の「お墨付き」のある特別な紙だからです。一万円の値段のものと、その「お墨付き」のある「紙」に、同じ価値があると考えられているからです。

この「お墨付きのある紙」が過剰に大量に世の中に出回ったり、人々が日本政府や日本銀行をぜんぜん信じなくなってしまうと、一万円で買えたはずのものに対してもっと多くの「紙」が必要になったり、まったく買えなくなったりします。経済学ではそうした事態をインフレーション、ハイパーインフレーションなどと呼びます。そのようなことをおこさないように、日本政府と日本銀行は貨幣の流通量をコントロールしているのです。一般の人が紙幣をコピーしてはいけないのは、紙幣の流通量を日本政府と日本銀行だけがコントロールする原則に抵触するからです。

電子マネーは、日本政府と日本銀行に対する信用（お墨付き）に裏打ちされたこの貨幣を電子的な別のシステムに入金（チャージ）したものです。これに対して、仮想通貨は特定の政府の信用（お墨付き）を必要としません。その代わり、サトシ・ナカモトがビットコインとともに提唱したブロックチェーン技術が「お墨付き」になります。電子マネーと仮想通貨が「ぜんぜん違う」のは、この「信用」の根拠がまったく異なるからです。

しかしぜんぜん違うはずの電子マネーと仮想通貨は、デジタルトランスフォーメーションの結果、ユーザーの「信用」を保管するブロックチェーンと、そのブロックチェーンを管理するフィンテック（あるいはテックフィン）が発行元の「信用」を担うことによって、やがて一続きの仕組みになろうとしています。このところ話題になっているフェイスブック社による仮想通貨「ディエム」（旧名「リブラ」）や、中国が推進している「デジタル人民元」は、デジタルトランスフォーメーションの大きな試みとして注目されています。

このように、技術によってお金（貨幣）の姿は変わりつつありますが、一般のユーザーには単に便利になっているというかたちでしか体験されず、裏側がどうなっているかは掘りおこさなければわかりません。まさにブラックボックスなのです。

スクショ文化とは何か

こうしたブラックボックス化の進展を象徴するのが、スマホの普及によってとりわけ若年ユーザー層に生まれつつある「スクショ文化」と呼ばれるものです。これは文字どおり、スマホのディスプレイの表示をスクショして送るというものです。

モバイル革命の結果として、大きなファイルサイズの画像を気軽に共有できるほどに回線速度もデバイスの処理能力も向上しました。しかしまだ、スクショからそのスクショの出自まで辿《たど》ること、つまりリバースエンジニアリングすることは比較的手間がかかります（これは顔認識機能と写真加工技術によって「盛る」写真が一般化していることにも関係しているでしょう）。

スクショの問題は、スクリーンショットというパッケージによって、そのページのＵＲＬやソースなどが不可視化されてしまうということです。ウェブページはＨＴＭＬによって記述されているので、ソースを表示させてそのページの成り立ちを確認することができます。ソースの確認は、ブラックボックスを「開ける」ことです。逆に悪用すれば、ソースを書き換えて改変されたウェブページをスクショし、人を欺くことも可能なのです。

あるページを表示したブラウザをスクショした場合、その画像にはＵＲＬが写り込むことがあります。スクショを送らずにＵＲＬを送れ、と頼んだのにＵＲＬが写り込んだスクショを送られた、という話をよく聞きます。画像で送られた文字列は目でみて手で打ち込み直さないといけないので手間がかかる、ＵＲＬを送ってくれればコピーアンドペーストをするか、単にクリックするだけで済むのに、「スクショ文化」に慣れた若い世代には、それが通じないという話です。

もう少しＡＩによる文字認識技術が発達すれば、画像で送られたＵＲＬでもそのまま開いて確認できるようになるでしょう。実際、光学文字認識技術（ＯＣＲ）を搭載したアプリ、たとえばGoogle 翻訳のアプリなどで、ＵＲＬの写り込んだ画像をスキャンすると、ＵＲＬを読み取ることができます。これはこれで、その操作を可能にするパッケージが、その背後にある技術をブラックボックスに入れて不可視化しているということです。

技術が進歩すると、機械が賢くなり、それをつかうヒトはどんどん愚かで軽率な行動ばかりするようになる、と思われるかもしれません。しかしそのブラックボックスは誰かがつくったものであり、不可視化されたところに収益のシステムを仕込むこともできるのです。

1・3　インターネット革命が生み出したブラックボックス

アマゾンはなぜ成功したのか

二〇二〇年の春ごろから全世界的に新型コロナウイルスの流行を危惧したパニックが巻きおこりました。このコロナ騒ぎのなかで、アメリカの富裕層が資産を何十兆円も増大させているというニュースが話題になりました。

世界一の富豪であるアマゾン社の会長ジェフ・ベゾスも当然、その「富裕層」の一員です。CNNの記事によれば、ベゾスひとりの資産だけでも二〇二〇年三月から六月までの三ヶ月で三百六十二億ドル、日本円に換算して約四兆円も増加したというのです。

新型コロナウイルスの蔓延《まんえん》を防止するために世界中の政府が外出自粛を呼びかけ、アマゾン社の売り上げが急激に伸びたであろうことは想像に難くないのですが、それにしてもベゾス個人やアマゾン社の経営陣だけでなくアメリカの富裕層の資産が全体的に増えているのはどういうことなのでしょうか。

驚異的にみえるこの資産増加の背景には、コロナ騒ぎ以降も好調な金融市場の状況が影響しているといわれています。連邦準備制度理事会（ＦＲＢ）が大幅な金融緩和政策を行なったためです。外出自粛にともなって、アメリカでは失業者が大量に生み出され、とりわけ低賃金で働いていた人たちほど苦境に立たされているにもかかわらず、です。コロナ騒ぎが巻きおこるよりも前から叫ばれていた金融経済と実体経済の乖離《かいり》が、もてる者ともたざる者との命運を分けるかたちで表れているといえるでしょう。

アマゾン社はもともと、オンライン書店としてスタートし、徐々にフォークやスプーンなどの食器、家具、家電から工具、スキンケア用品やサプリメントまで、書籍以外にもあらゆるものを扱う「エブリシングストア」として成長してきました。現在では、仮想ストレージと計算資源を他社に提供するアマゾン・ウェブ・サービス、略して「ＡＷＳ」というクラウドサービスも展開しており、単なるオンライン書店という創業当初の姿からはかけ離れた会社になっています。

ヘッジファンドとアマゾン社

アマゾン社をベゾスが創立したのは、インターネットに注目が集まりはじめた一九九四年。

当時ヘッジファンドで働いていたベゾスは三十歳でした。アマゾン創業直前に、ベゾスは当時の上司だったヘッジファンドの創業者デビッド・ショーと、インターネットを利用した事業について繰り返し議論を重ねていました。

ベゾスが若くしてシニア・ヴァイス・プレジデントの地位を得ていたこのヘッジファンドは創業経営者の名前をとって「D・E・ショー」といいます。同社は一九八八年、コロンビア大学の情報科学科の教授だったデビッド・E・ショーがつくったファンドです。パーソナルコンピューターが一般家庭に普及するよりも前、ルネサンス・テクノロジーズなどの「クオンツファンド」が次々と立ち上がっている時期でした。

「クオンツファンド」とは、コンピュータープログラムと、量子力学をはじめとする現代物理学に応用される高度に複雑な数学を証券取引に活用するファンドのことです。コロンビア大学からモルガン・スタンレーに引き抜かれたショーは、モルガン・スタンレーでコンピューターをもちいる取引のためのソフトウェアの開発に携わったのち独立し、D・E・ショーを創立します。

ベゾスの半生を追った伝記『ジェフ・ベゾス　果てなき野望』によれば、D・E・ショーの事務所はマンハッタンのある共産主義系書店のうえに（皮肉にも）開設されたそうです。

ベゾスがプリンストン大学を卒業したのは一九八六年。ショーがコロンビア大学からモルガン・スタンレーに引き抜かれた年です。この年、ベゾスが就職したのは、コンピューターをつかって金融取引をするためのスタートアップ企業ファイテルでした。このファイテルから大手金融会社のバンカーストラストを経て、一九九〇年にD・E・ショーに入社したのです。

若くしてD・E・ショーで指導的な立場を得て活躍していたベゾスは、一九九四年、インターネットでのビジネスアイデアについて、デビッド・ショーと毎週二、三時間のブレインストーミングを行なっていました。のちにアマゾンドットコムが実現する「エブリシングストア」のアイデアはこのショーとベゾスの議論から生まれたものです。

さて、モルガン・スタンレーから独立して自分の名前を冠したヘッジファンドをつくったデビッド・ショーのように、ベゾスも独立したいと考えました。急成長中のD・E・ショーからの独立をデビッド・ショーに切り出したころにベゾスが読んでいたのはカズオ・イシグロの『日の名残り』だったというエピソードは印象的です。『日の名残り』は、イギリスの旧家で執事をしていた主人公が、歴史が移り変わるなかでアメリカからやってきた新しい主を迎え、老境にさしかかった自分を認識しながら職業人としての「偉大さ」とは何か、を自問する作品でした。ベゾスは急成長中の高給の職を辞して、世界一の大富豪への道を歩みはじめるのですが、このときどのような「偉大さ」を『日の名残り』から受け取ったのでしょうか（この作品については第三章で詳しく述べることにします）。

『アメリカン・サイコ』と『ダークナイト』

ところで、二〇〇〇年に公開された映画『アメリカン・サイコ』はウォール街で働く証券マンたちの姿を皮肉たっぷりに描いた作品です。のちに『ダークナイト』シリーズで大富豪にしてダークヒーロー「バットマン」を演じることになるクリスチャン・ベイルが、日中は魅力的な証券マン、夜は同僚や売春婦を殺害する殺人鬼という、現代の「ジキルとハイド」のような二重人格の人物を演じます。

この映画には次のような有名なシーンがあります。ベイル演じる主人公たちとその同業者たちがたがいの名刺を自慢しあう場面です。名刺の紙質や印字のフォントの洗練具合で暗にたがいを牽制《けんせい》するというシーンなのですが、そこで誰もが「ヴァイス・プレジデント」という肩書きになっている。そんなところに、当時の「成功者」でありながら金太郎飴《あめ》のような同質性を風刺する製作者の意図がうかがえます。先述のとおり、アマゾン創立前のベゾスはまさに証券マンとして「ヴァイス・プレジデント」の地位にありました。

また『アメリカン・サイコ』の前年一九九九年には映画『ファイト・クラブ』が公開されています。そのエンディングには、チャック・パラニュークによる同名の原作小説とは異なり、現代秩序の象徴である金融センターの高層ビル群が爆破され倒壊していくシーンがあります。『ファイト・クラブ』も、主人公の二面性がテーマとなっており、やはり「ジキルとハイド」的な物語です。

『アメリカン・サイコ』の主人公を演じたクリスチャン・ベイルは、二〇〇八年公開の映画『ダークナイト』でも、「バットマン」とその正体である大富豪のブルース・ウェインを演じています。バットマンとブルース・ウェインの一人二役だけでもじゅうぶんに二面的な性格のある本作ですが、映画製作中に不慮の死を遂げた名優ヒース・レジャー演じるジョーカーの存在によって、この作品にはもうひとつの二面性が付与されます。

ジョーカーは、バットマンが自分を生み出したと語ります。どんな悪人でも決して殺さない、というきびしいルールを自分に課すバットマンに対して、ジョーカーはマスメディアの注目を煽《あお》り、自分自身はルールに束縛されない存在として振る舞います。

この作品に注目したいのは、作中でジョーカーが大量の現金を銀行から強奪しておきながら、みずから現金の山に火を放つという場面があるからです。この行為は、大富豪ブルース・ウェインという「表の顔」の資産をつかってバットモービルなどの特殊装備を整えているバットマンと対照をなします。バットマンは、父親から相続した資産をつかって正義のために戦う装備を整える、つまり表には出せない経済活動を遂行します。これに対して、ジョーカーは現金を大量に燃やすことで経済そのものに空隙をつくり出すのです。

何が不可視化されたのか

金融経済に物理学などの抽象的で高度な数学モデルを持ち込み、コンピューターを駆使する人々、いわゆる「クオンツ」たちの姿を追った書籍『ウォール街の物理学者』にも、D・E・ショーが登場します。

『ウォール街の物理学者』には、複雑系とカオス理論の発展に中心的な役割を果たした研究者たちが一九九〇年代に立ち上げたプレディクション・カンパニーという集団が登場します。プレディクション・カンパニーは、のちにUBS（いわゆるスイス銀行）に買収される投資会社から投資をうけます。プレディクション・カンパニーはその後もUBSに大きな役割を果たしているといわれていましたが、二〇一八年に閉鎖されています。

プレディクション・カンパニーが開発した手法は、さまざまなアルゴリズムを物理学の研究から援用する「ブラックボックスモデル」と呼ばれています。アルゴリズムとは計算方法、とりわけその手順を意味する言葉ですが、本来の意味を超えて、あるパッケージに閉じられたブラックボックス的なニュアンスを帯びています。

「予想」を意味する「プレディクション」を名乗っているとはいえ、プレディクション・カンパニーはこの「ブラックボックスモデル」で金融市場そのものの予測を行なっていたわけではありません。気象やギャンブルのような現象の不確実性を扱う現代物理学や数学の理論から、アルゴリズムを援用したのです。彼らの手法が「ブラックボックスモデル」と呼ばれるのは、援用している計算方法がなぜ金融取引に有効なのか説明がつかないからです。

D・E・ショーやプレディクション・カンパニーのような「クオンツ」たちが高度な数式を金融取引に活用するためにはコンピューターが必要でした。いうまでもなく、コンピューターは高度な数学的計算を不可視化するブラックボックスです。

カタカナで書くとわかりにくいのですが、コンピューターはもともと「Compute するもの」つまり「計算者・計算機」という意味です。入力された情報に対して機械的に計算を行ない、その結果を出力するものが Computer です。この意味のコンピューター、すなわち電子計算機について研究する学問は情報科学や計算機科学と呼ばれます。先述したように、デビッド・

ショーがコロンビア大学で教えていたのも、情報科学でした。

コンピューターは「機械的に計算」するところが曲者《くせもの》です。人間が紙や鉛筆をつかって「計算」する可視的な「計算」ではなく、機械のなかで不可視的に「計算」が行なわれる、つまりそこがブラックボックスになっているからです。

パーソナルコンピューター革命

一九七〇年代以降、コンピューターは小型化し軽量化し、計算速度が加速し、しかも低価格化してきました。このころからコンピューターは大衆化し、ネットワークでつながり、さらに普及していくという時代に突入するのです。

一般にコンピューターとして認識されているのは、モニター（もしくはディスプレイ）と呼ばれる「画面」表示機器と、その画面に表示させる情報を入力するキーボードとを組みあわせたものですが、コンピューターの本体は、その入力と表示を処理して実行（出力）しているマイクロプロセッサーです。この入力と出力をひとつの個体（デバイス）で行なっているスマホが「小さなパソコン」と呼ばれるのはそのためです。スマホをブラックボックスと呼ぶことができるのは、このコンピューターとしての機能が、携帯電話機というパッケージによってさらに不可視化されているからです。

一九六八年にインテルを創立したメンバーのひとりゴードン・ムーアは、インテル創立に先立つ一九六五年に発表した論文のなかで、のちに「ムーアの法則」として知られることになる「法則」を提唱しました。「マイクロプロセッサーの集積度（実質的にコンピューターの性能を意味する）が一年半から二年で倍になる」というもので、二〇一〇年代になるまでその有効性が認められてきました。

一九七〇年代には、スティーブ・ジョブズらによるアップル社のApple IIが登場しました。それまでコンピューターといえば官公庁や企業、研究機関でつかわれていた、複数人がシェアするメインフレームと呼ばれる大きな機械を指していましたが、一九七〇年代以降は、個人（パーソナル）が所有して個人でつかうパーソナルコンピューター、略してパソコン（ＰＣ）がコンピューターを代表するようになります。

一九七〇年代末にゼロックス社のパロアルト研究所を訪れたジョブズは、アラン・ケイが主導していたグラフィカルユーザーインターフェース（ＧＵＩ）にインスパイアされて、当時アップル社で開発中だった新型商品にＧＵＩを組み込もうとしていました。

ＧＵＩが登場するよりも前に一般的だったのはコンピューターに文字列（コマンド）を打ち

込んで動作させる、キャラクターユーザーインターフェース（ＣＵＩ）と呼ばれる形式です。

これに対してＧＵＩはコンピューターグラフィックとポインタを画面に表示することで、より直感的な操作を可能にしました。「直感的」ということはつまり、それまで求められていた複雑な入力手順、つまり「手間」が省略されることを意味します。ＧＵＩを実装したパソコンも、それまでのコンピューターが露呈していた機械操作のための「手間」を不可視化するという意味でもブラックボックスなのです。

アップル社がMacintoshで先行したＧＵＩは、ビル・ゲイツが創立したマイクロソフト社がWindowsシリーズに導入したことで世界的に普及しました。Windowsはオペレーティングシステム（ＯＳ）として、現在でも圧倒的な世界的シェアを占めています。

インターネット革命

一九七〇年代末から一九九〇年代がパソコン革命の時代だとすると、一九九〇年以降はインターネット革命の時代です。

一九六〇年代からアメリカ国防総省の高等研究計画局（略称ＡＲＰＡ、後にＤＡＲＰＡ）の出資をうけたプロジェクトがＡＲＰＡＮＥＴを設計し、開発しました。ＡＲＰＡＮＥＴは、当時まだパソコンが普及する前であり、貴重な「資源」だったコンピューターの計算能力を、複数のユーザーが共有（タイムシェアリング）するためのネットワークの仕組みでした。

やがてARPANETとほかの通信ネットワークをつなぐ標準のプロトコルとしてTCP／IPが開発されます。一九八〇年代にはインターネットの概念が提唱され、各国の学術ネットワークがつながり、現在のインターネットの姿に近づきます。一九九〇年代になると、OSとブラウザを一体化してインターネット接続機能を強化したWindows 95やWindows 98の登場により、パソコン革命はインターネット革命へと展開していきます。

インターネット革命が不可視化したものは、ネットワークでつながれた無数のコンピューター群です。インターネットを介して、かつてメインフレームをタイムシェアリングで分けあっていたように、インターネットのユーザーは遠隔地にあるコンピューター（サーバー）の機能を利用できるようになりました。インターネットのユーザーは、手元のスマホやパソコンからインターネットに接続し、接続先の複数のコンピューターを利用しながら、手元のデバイスのことだけを意識していればいいのです。ベゾスのアマゾン社に代表されるIT企業は、このユーザーから不可視化された領域を開発することで利益を生み出しているといえるでしょう。

1・4　管理通貨制度と電子取引が不可視化したもの

商品貨幣と信用貨幣

一九七一年、当時のアメリカ大統領リチャード・ニクソンは金とドルの兌換《だかん》停止を宣言しました。兌換とは、金や銀などの貴金属と、通貨を一定量で交換することです。通貨の意味合いを大きく変化させることになるこの宣言が世界に与えた衝撃は「ニクソン・ショック」と呼ばれます。

この時代、通貨は交換のための媒体として考えられており、金との兌換はその裏付け、価値の保証として必要だと考えられていました。第二次世界大戦後、アメリカはいわば世界の金庫番の役割を担っていたのです。ニクソンの宣言は、アメリカがこの役割を放棄することを意味するものでした。

ここにいたる経緯は、次のとおりです。二度の世界大戦を経て疲弊していたヨーロッパをはじめ、世界各国の政府はそれぞれが発行している通貨に見合うだけの貴金属を確保できなくなっており、第二次世界大戦末期に金とドルの交換レートを固定する体制になっていました。兵器の開発や戦線を維持する補給のためには「戦費」が必要です。戦費をまかなうために政府は貨幣を発行しますが、戦争になったからといって都合よく貴金属が増えるわけもなく、国内での貨幣と貴金属のバランスは崩れていきます。

そのままでは国際経済全体の均衡が危うくなるので、これを回避するため、自国内に大きな損害をうけていない大国として、アメリカが貨幣と貴金属のバランスを保つ役目を担うことになっていたのです。

通貨（貨幣）、つまりお金を、ある特別な商品として考える通貨観（貨幣商品説）では、貨幣は「商品貨幣」と呼ばれます。兌換貨幣はこの考え方に立つものです。通貨が登場する前には人々は物々交換で経済活動をしていたのであり、そこでは売り手が提示する商品に見合った商品として貴金属がつかわれ、その重さ（量）が数値としてその商品の価値となったというのです。

これに対して、現在の主流な考え方である近代貨幣理論が依拠しているのは、「債務証書」としてのお金、すなわち「信用貨幣」という考え方です。貨幣がつかわれたのは、物々交換で買い手の手元に商品の代わりに差し出すモノの持ちあわせがない場合で、その代償がないとき

貨幣のとらえ方の違い

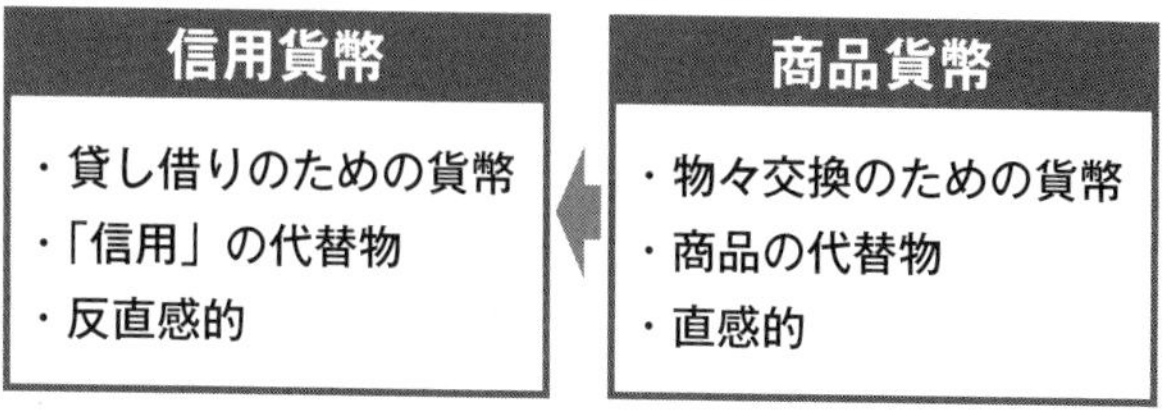

信用貨幣	商品貨幣
・貸し借りのための貨幣 ・「信用」の代替物 ・反直感的	・物々交換のための貨幣 ・商品の代替物 ・直感的

につかう「借り」を記述したものが貨幣の端緒だというのです。この「信用貨幣」という考え方に立脚すると、「いつか借りを返す」という約束が成立してさえいれば、貴金属による裏付けはもともと不要だったことになり、一九七一年のニクソンの宣言は貨幣の本質から考えて必然的だったともいえます。

この画期的な宣言以降、世界経済は貴金属による兌換なしで、各国の政府と中央銀行の「信用」を裏付けにして営まれていくことになりました。

管理通貨制度と電子化が不可視化したもの

管理通貨制度に移行する前の制度である、金本位制度などの「本位制度」下での貨幣は、兌換可能な貴金属を不可視化していました。なぜなら、偽造の可能性や、制度を維持する政府が兌換可能な貴金属をじゅうぶんに保持していない可能性など、約束されてはいるものの本当に兌換が可能かという点について、貨幣には常に疑念がつきまとうからです。貨幣は、その疑念ごと、兌換される予定の貴金属「そのものではない」ということを不可視化しているのです。

これに対して、管理通貨制度を維持しているのは、その貨幣の量を管理する政府に対する信用です。貨幣は兌換されるかどうかという疑念から解放され、政府が流通量を管理することで価値が維持されるという信用を裏付けにして使用されるようになります。つまり貨幣は政府が流通量の管理に失敗して、価値が暴落するかもしれない、という疑念を不可視化する能力をもたされることになります。

他方で電子取引は、それ以前は限られた取引人の手作業に限定されていた証券取引を、機械化し高速化しました。これによって最初に不可視化されるのは、取引所への「距離」です。遠隔地からでも証券を取引することができるようになり、これにともなって「時間」も不可視化されることになります。それまで証券取引所で取引をするには、取引所まで移動する必要があり、その移動に時間もかかったからです。さらにコンピューターがこの電子取引に接続されたことにより、「計算」が不可視化されることになります。

管理通貨制度への移行と、証券取引所の電子化によって、貨幣は信用を不可視化したブラックボックスとなり、金融は距離と時間と計算を不可視化したブラックボックスとなりました。

このようにして、ニクソン・ショックと並行して証券取引所の電子化（金融市場の電子化）が進行していきます。

電子取引とバブル

一九八〇年代には国際的な金融市場の中心のひとつであるロンドンの取引所がすでに電子化されていました。証券取引所はコンピューターによる取引に対応し、これが先述のクオンツのようにコンピューターとプログラムを駆使するファンドを生み出すことになります。このコンピューターと電子取引のネットワークによって、一九八七年には株価の大暴落（ブラック・マンデー）が発生しています。

ブラック・マンデーののちに、日本ではそれまでの高度経済成長の結果として都市部の地価が高騰、いわゆる不動産バブルの状態になりました。このバブルは、一九九〇年に発表された土地関連の融資に対する引き締め（総量規制）などにより急激に縮小、いわゆるバブル崩壊となり、現代まで続く不況の引き金となったと考えられています。

日本の不動産バブルが崩壊したあとも、世界ではインターネット関連企業に対する期待が高まり、二〇〇〇年に向けてインターネット・バブル（ハイテク・バブル、ＩＴバブル、ドットコム・バブル）と呼ばれる状態になっていきます。アップル創業者でありながら内紛によって取締役を解任されていたスティーブ・ジョブズは、九〇年代後半にアップルの暫定CEOに返り咲き、一九九八年にパソコンiMacを発売、世界的大ヒットを生み出します。ジョブズはのちの二〇〇一年にiPod、そして二〇〇七年にはiPhoneを世に送り出し、パソコン革命、インターネット革命をモバイル革命へとつなげていく役割を果たします。

電子計算機の誕生

こうした一連の情報通信革命の原点は、一九四〇年代の電子計算機（コンピューター）の実用化にあります。その最大の目的は戦争でした。

第一次世界大戦ではじめて登場した戦闘機の威力は、第二次世界大戦ではいっそう重視されるようになりました。ドイツとイギリスをはじめとした各国は莫大《ばくだい》な費用をかけ、自国の英知を結集して戦闘機や爆撃機を開発します。そして、敵国が開発した航空機による攻撃を回避するために、対空砲が活躍します。

対空砲は、空中を高速で移動する敵機に対して砲弾を命中させる必要があるため、複雑な弾道計算を必要とします。当時は「コンピューター（計算者）」といえばこの弾道計算を行なう人員を指していました。

すでに軍事的には実用化されていた電信技術による遠隔通信を傍受する「情報戦」も展開されており、敵国に自国の重要な機密を漏らさないために各国は競って暗号を開発します。暗号技術の開発は同時に暗号解読技術の開発でもあります。ドイツの有名な「エニグマ」は解読不可能と思われた最強の暗号機でしたが、イギリスのアラン・チューリングらによって解読のための理論が構築されることになります。チューリングが開発した暗号解読機械は、その後の本格的なコンピューター発明の基礎のひとつになったといわれています。

このようにして戦時下に開発が始まったコンピューター（電子計算機）は、一九五〇年ごろに商用化され、巨大な「メインフレーム」と呼ばれるものを生み出します。一九七〇年代以後、産業の主軸は小型化したパソコンへと移っていきますが、メインフレームは現在でも製造され使用が続けられています。

膨大な量のデータをつかって「計算」をするコンピューターの登場により、高度な計算はこれ以降「不可視化」され、世の中に徐々にブラックボックスとしてのコンピューターが普及していくことになります。その結果、現在はいたるところに「計算」が埋め込まれ、人々はそれを意識しないまま暮らすようになっているのです。

近い将来、わたしたちの身の回りにはさらに多くのコンピューターが設置され、さまざまな「計算」が不可視化されたまま行なわれるようになることが予想されています。ＩｏＴ（モノのインターネット、Internet of Things）と呼ばれるものですが、これはかつてはユビキタス・コンピューティング（ubiquitous computing）とも呼ばれていました。ユビキタスとは「遍在する」という意味です。まさにコンピューターはわたしたちの生活のいたるところにあまねく存在しているのです。

第一次世界大戦と経済

一九一四年に勃発した第一次世界大戦は、近代兵器の投入、近代的な情報技術の活用などによって、当時における人類史上最大規模の戦争となりました。

産業革命の結果としてかつてなく緊密に結びついた「世界」は、結びつきの過程で軋轢《あつれき》を蓄積させ、第一次世界大戦という暴力的な衝突のかたちで、そのツケを急速に「清算」しようとしました。その「清算」は、第一次世界大戦だけでは完了せず、第二次世界大戦、その後の冷戦や現代にも禍根を残しており、いまだに「負債」としてわたしたちに担わされています。そこで、第一次世界大戦にいたる経緯を振り返ってみましょう。

一九世紀末までに産業革命の先進国として世界帝国を築いていたイギリスは、ドイツの躍進を警戒しドイツを包囲するべくフランス、ロシアと結びつきを深めていきました。この時期、世界を覆いつつあった通信網はフランスのアヴァス社、イギリスのロイター社、そしてドイツのヴォルフ社の三社の系列に集約されていきます。なお「通信社」とは、新聞や雑誌に掲載する情報や企業向けの情報を取りまとめて配信する組織のこと。現在の日本で有名なのは共同通信社や時事通信社ですが、広告代理店として世界的に知られるようになった電通も、もとは日本電報通信社という通信社でした。

第一次世界大戦は、ドイツが世界に進出することをイギリスをはじめロシア、フランスが押さえつけるかたちで引きおこされました。ドイツとオスマン帝国とのあいだには、オーストリア＝ハンガリー、ブルガリアがありますが、これらの国は第一次世界大戦ではドイツ側について参戦しています。

ドイツからオーストリア＝ハンガリー、ブルガリア、そしてオスマン帝国という国々の「連なり」を、それを包囲するイギリス、フランス、ロシアが「押さえ込もう」とした、第一次世界大戦はヨーロッパの地図のうえではそのようにみえる戦争です。

しかし、このヨーロッパでの「押さえ込み」の戦争が、ヨーロッパの各国が植民地化していた地域でも戦われることになります。ヨーロッパの戦争が世界各地に広がっていったことはよく「飛び火」と形容されます。その飛び火の広がる速さはまさに世界中を網目のように覆いつつあった電信の普及と発達によって加速されていたのです。

大恐慌から第二次世界大戦へ

一九一八年に第一次世界大戦が終結します。戦渦に巻き込まれることなく戦勝国となったアメリカには「狂騒の二〇年代」、あるいは「ジャズ・エイジ」と呼ばれる時期が到来します。当時流行しはじめていたジャズをBGMに、公的には禁止されていた酒を飲んで浮かれ騒ぐ時代です。第一次世界大戦直後には深刻な不況があったのですが、それに続く約十年間、アメリカ政府は連邦準備制度によって企業に積極的に融資を行ない、市場はかつてない好景気を迎えます。

株式市場は高騰を続け、あらたに投機家になる人が続出しました。この時期、証券会社に借金をして投機を行なう「信用買い」が広く行なわれるようになります。多くの人々が、証券の価格上昇を見込んで借金をしたのです。

一方、第一次世界大戦で敗戦国となったドイツは、戦勝国に対して賠償金として千数百億金マルク（純金換算で四万五千トン以上）を支払う条約を締結させられることになりました。この金額はドイツの当時の年間国民総所得の二倍以上であり、現実的に支払い可能なものではありませんでした。

一九一四年の第一次世界大戦勃発時に金本位制を離脱していたドイツは紙幣を濫発しており、これに非現実的な賠償金の請求が追い討ちをかけた結果、ドイツの物価水準は開戦前の二万五千倍まで高騰しました（ハイパーインフレーション）。のちに第二次世界大戦を引きおこすアドルフ・ヒトラーがナチスを率いておこしたミュンヘン一揆はこの時期のものです。

ドイツのハイパーインフレーションはその後、アメリカの介入で新しくライヒスマルクという通貨が発行されいったん終息、ドイツも金本位制に復帰します。しかし一九二九年、すでに世界金融の中心地のひとつになっていたウォール街で株価が暴落します。この暴落はとどまるところを知らず長期化し、投機で増大していた人々の資産を一気に目減りさせ、いくつもの企業が連鎖的に倒産することになりました。この大暴落に続いて、世界各地の金融市場が長期的な不景気に陥りました。大恐慌、もしくは世界恐慌と呼ばれる現象です。

大恐慌の原因については諸説あります。そのうちのひとつに、第一次世界大戦前までは世界の基軸通貨であったイギリスのポンドとフランスのフランが、アメリカのドルにその座を譲ったことを原因とする説があります。当時の金本位制は各国が保有する金によってそれぞれの通貨を兌換するものでした。ドルはあらたに国際経済の基軸通貨となりましたが、この時代のアメリカは戦後の好景気に沸き返っていました。複数の原因が考えられる大恐慌ですが、この時期に世界の基軸通貨となったドル経済が暴走気味だったことは無視できません。

第一次世界大戦前までは、通貨はその額面に対して法律で決められた重さの純金との交換（兌換）が定められていたのですが、戦争のための膨大な費用を捻出するために各国は金本位制を離脱しました。それまでの二百年間、欧米の物価はほぼ変化しなかったのですが、世界大戦の時期に物価が三倍に高騰したのです。

その後、各国は金本位制を復活させようと試みますが大恐慌によって諦めざるをえなくなります。一九三〇年代にはイギリスが、そしてアメリカとフランスが、相次いで金本位制を停止しました。

ところで日本でも大ベストセラーとなった『21世紀の資本』でトマ・ピケティは、一九世紀までの世界と二〇世紀、とりわけ第一次世界大戦以降の世界との違いを、文学作品における登場人物の財産や収入の書き方にみてとっています。

「r＞g」つまり「資本収益率（r）」が「経済成長率（g）」よりも常に高く保たれてきたこ

とを歴史的に辿った『21世紀の資本』は、退屈に思われがちな経済学と歴史学を文学やドラマ、映画に絡めながら語っており、この語り口の軽妙さも読みどころだと思います。

ピケティは、オノレ・ド・バルザックのような一九世紀の自然主義の作家が登場人物の描写にその資産や収入を具体的に書き込んでいたのに対して、それ以降の時代の作家が数字を明確に書かなくなっていることを指摘しています。一九世紀までは金本位制によって各国の通貨の価値が比較的安定しており、資産や収入について書くことでキャラクターをわかりやすく描写できた。しかし金本位制が揺らぎはじめる第一次世界大戦以降は、物価や所得のことを書くのは文学者にとって退屈きわまりないことになった、とピケティは指摘しています。すでに述べたように、二〇世紀にはいると物価の変動はますます激しくなり、登場人物の所得を作中で明記しても読者が実感的に把握しにくく、そうした記述そのものが「退屈」になった、ともいえます（なおピケティは言及していませんが、文学と金本位制の崩壊の関係については、哲学者のジャン＝ジョゼフ・グーも『言語の金使い』という本で論じています）。

貨幣への攻撃

現在、ふつうの人が物を売買する実体経済と、株式や公債を取引する金融経済との規模の差は驚異的なものです。株式の時価総額だけでも約百六兆ドル（約一京千六百兆円）。これに対して、実体経済は金融経済の十分の一の規模しかないといわれています。

この乖離は一九八〇年代から始まり、二一世紀にはいってからさらに加速しており、国際通貨基金（ＩＭＦ）などがますます大きくなる実体経済と金融経済の乖離に対して警鐘を鳴らしています。他方で、巨額の金融取引には世界経済を維持し活発化させる役割があるとする見方もあります。

ところで、こうした時代を背景にして、貨幣に対する攻撃（破壊や偽造）をテーマにした作品がつくられるようになりました。たとえば『ファイト・クラブ』で金融センターの高層ビル群が爆破されたのは、そのビルのなかに設置されていたであろう何百台というコンピューターを、そのなかのプログラムごと破壊するためだったのかもしれません。また『ダークナイト』のジョーカーが大量の現金を燃やしたのは、現金の発行量を政府と中央銀行が管理する管理通貨制度にダメージを負わせるためだったのかもしれません。

貨幣を勝手に印刷したり鋳造したりすることは贋金づくり、貨幣の偽造という罪に問われます。金本位制ではなくなっている現在、政府や中央銀行という「お墨付き」を与える特権のない立場の者が貨幣をつくって使用すると、流通量の管理ができなくなるためです。これについては現代美術家の赤瀬川原平が千円札の片面を印刷した作品が問題とされた一九六〇年代の「千円札裁判」が有名です。

現代でも貨幣の破壊は罪に問われます。たとえば日本には「貨幣損傷等取締法」という法律があり、貨幣を損壊したり鋳潰したり、またはそのために集めたりすると、「一年以下の懲役又は二十万円以下の罰金」を科されます。一九八四年、フランスの人気歌手でプロデューサーでもあったセルジュ・ゲンズブールはフランス国営テレビの生放送中に五百フラン紙幣に火をつけ灰にしました。また一九九四年には、イギリスのバンド The KLF が百万ポンドの紙幣に火をつけ、その大半を焼きました。

さきほど挙げた『ダークナイト』のジョーカーの行為は彼らが現実に行なった犯罪行為を映画という虚構内で再演したものと考えることもできるでしょう。

第二章　情報革命の諸段階、情報濁流の生成過程

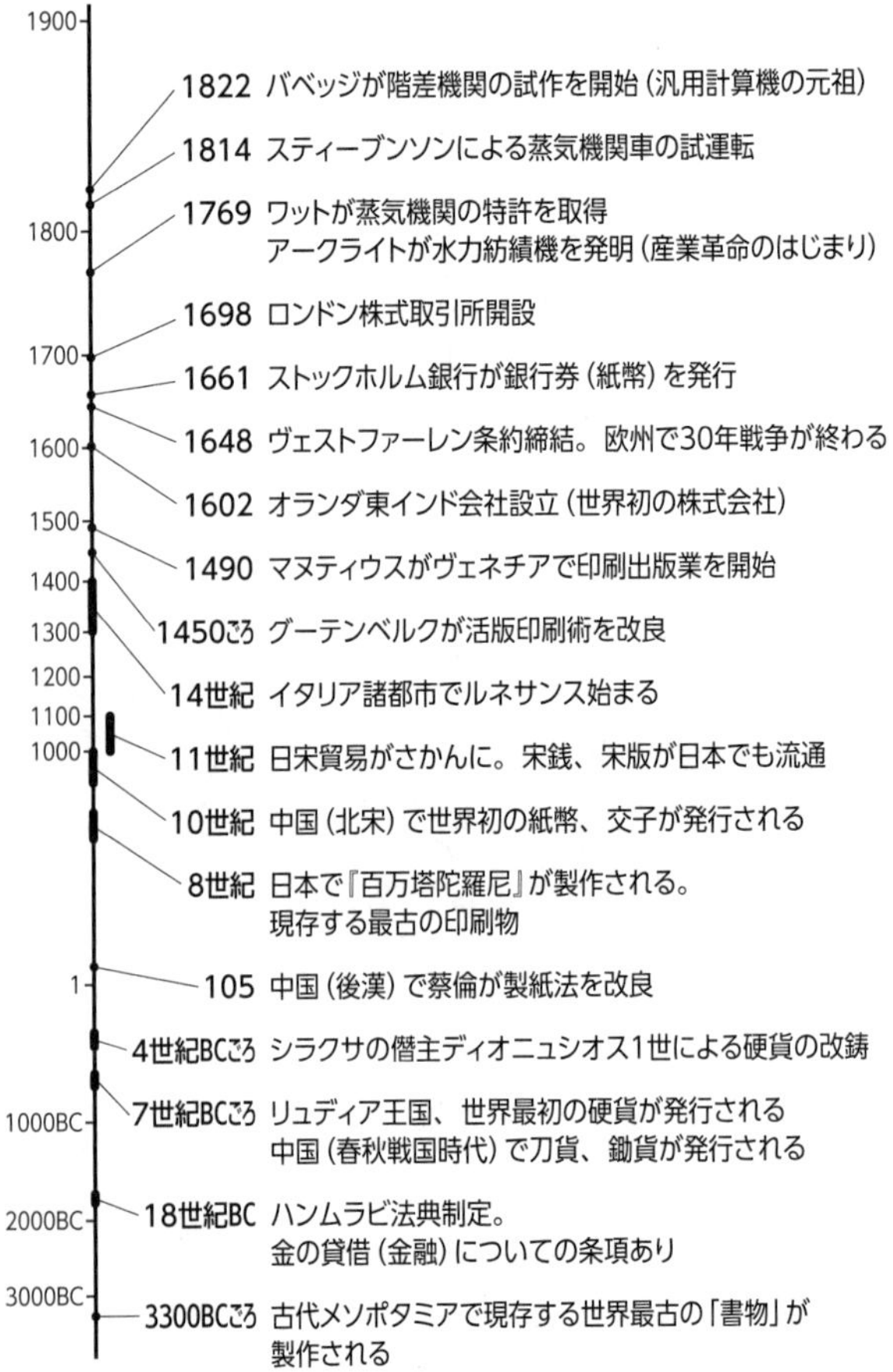

1900
1822 バベッジが階差機関の試作を開始（汎用計算機の元祖）
1814 スティーブンソンによる蒸気機関車の試運転
1769 ワットが蒸気機関の特許を取得
アークライトが水力紡績機を発明（産業革命のはじまり）
1800
1698 ロンドン株式取引所開設
1700
1661 ストックホルム銀行が銀行券（紙幣）を発行
1648 ヴェストファーレン条約締結。欧州で30年戦争が終わる
1600
1602 オランダ東インド会社設立（世界初の株式会社）
1500
1490 マヌティウスがヴェネチアで印刷出版業を開始
1400
1450ごろ グーテンベルクが活版印刷術を改良
1300
1200
14世紀 イタリア諸都市でルネサンス始まる
1100
1000
11世紀 日宋貿易がさかんに。宋銭、宋版が日本でも流通
10世紀 中国（北宋）で世界初の紙幣、交子が発行される
8世紀 日本で『百万塔陀羅尼』が製作される。
現存する最古の印刷物
1
105 中国（後漢）で蔡倫が製紙法を改良
4世紀BCごろ シラクサの僭主ディオニュシオス1世による硬貨の改鋳
1000BC
7世紀BCごろ リュディア王国、世界最初の硬貨が発行される
中国（春秋戦国時代）で刀貨、鋤貨が発行される
2000BC
18世紀BC ハンムラビ法典制定。
金の貸借（金融）についての条項あり
3000BC
3300BCごろ 古代メソポタミアで現存する世界最古の「書物」が
製作される

第一章・第二章では歴史を遡っていきます。
文中で扱われている出来事の流れを把握したい方は、
この年表を参照してみてください。
（縦軸は対数目盛を採用しています）

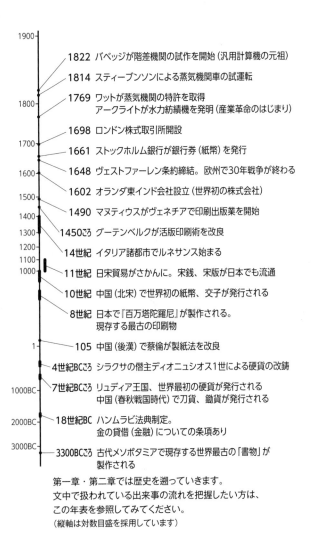

2・1　産業革命までの道筋

産業革命を用意したさまざまな「革命」

人類史のなかで、情報技術はいくつか「革命」と呼べるような爆発的な発展を経験してきました。「天命があらたまる」という意味の中国語に由来する「革命」は、天下を支配する王朝が腐敗したときにその王朝を打倒して、より正しい者が王位につくことを意味しています。ここから転じて「新しい事態が登場して、それまでの状況を根本から変革すること」を「○○革命」と呼ぶようになったのです。

革命後に一般化した制度や状況は人々の意識からは抜け落ち不可視化され、いわば大きなブラックボックスになります。

人類が経験してきたさまざまな「革命」のなかで、もっとも重要なものが産業革命です。産業革命以前と以後とではわたしたちの暮らしは大きく変わりました。

一八世紀にイギリスで始まった産業革命は、市民革命、農業革命、人口革命という複数の根本的な変化によって準備された状況のなかで発生した現象です。

一八世紀中葉には、ヨーロッパ各国で人口が増えはじめていました。一七世紀ごろまで数百年間、世界の総人口はせいぜい四億人から五億人程度だったのが、産業革命が始まる一八世紀までに六億人を超え、一八世紀の百年間で九億人、一九世紀にはいるころには十五億人を超えるまでに増加したのです。

この爆発的な人口増大をまかなったのが、人類が農耕を開始した新石器革命以来の「農業革命」です。

人口革命の結果として都市部や農村で急増した人口は、やがて「労働力」とみなされるようになります。それまでの時代にはなかったような、工場で働くことが一般化し、人々は生きた機械とみなされ、そのように生きることを促されたのです。

蒸気機関などの発明により生産力を高めた機械と、それを動かすじゅうぶんな労働力によって、イギリスは世界に先駆けて大量の商品をつくることができるようになりました。最盛期には地球上の土地の四分の一を植民地として所有していたイギリスは、大量に生産した商品を植民地に売りつけて利益を得るようになります。植民地に商品を売りつけて得た経済力は、「資本」としてさらなる経済活動のために投資されることになるのです。

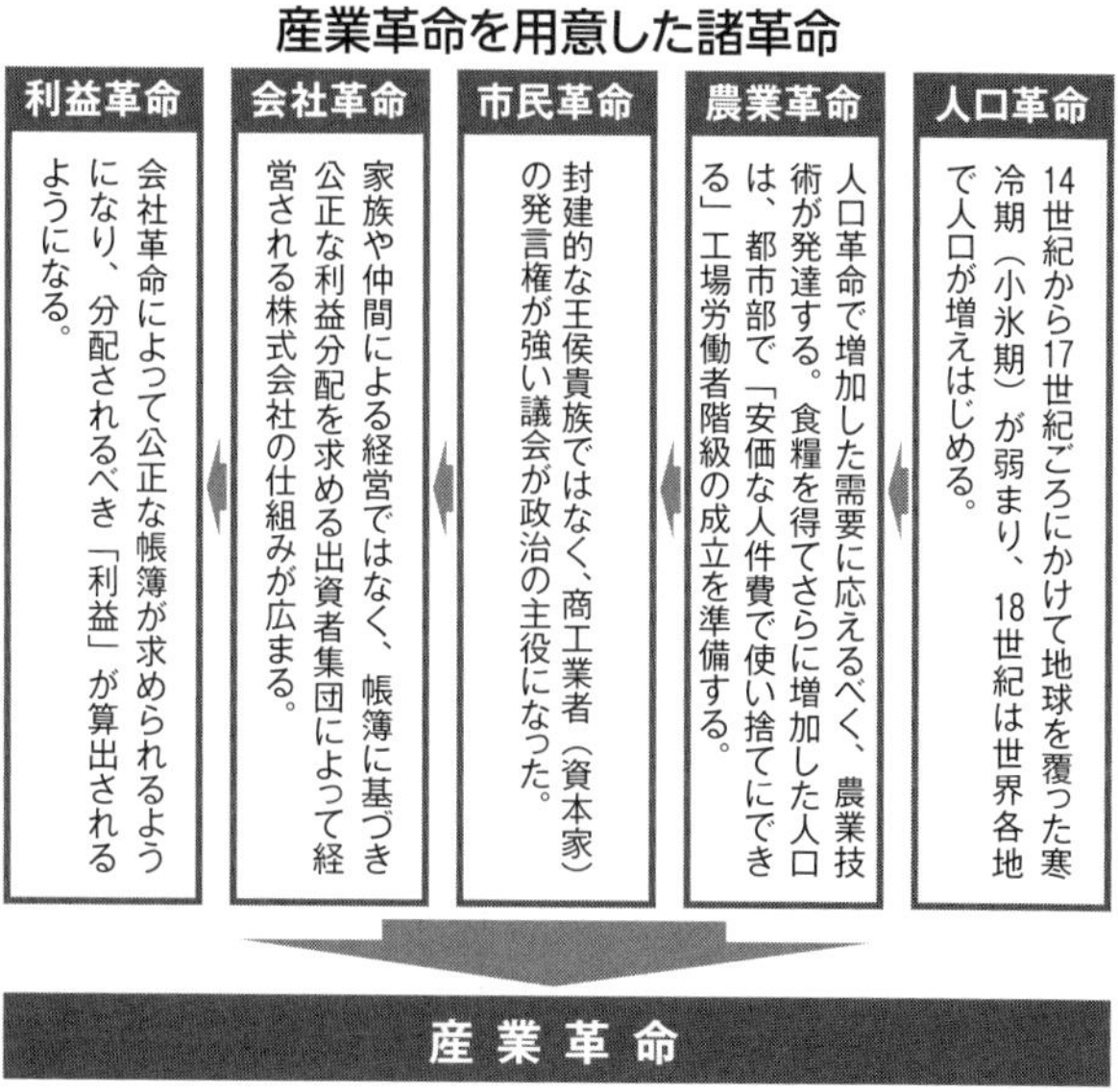
産業革命を用意した諸革命
人口革命
14世紀から17世紀ごろにかけて地球を覆った寒冷期（小氷期）が弱まり、18世紀は世界各地で人口が増えはじめる。
農業革命
人口革命で増加した需要に応えるべく、農業技術が発達する。食糧を得てさらに増加した人口は、都市部で「安価な人件費で使い捨てにできる」工場労働者階級の成立を準備する。
市民革命
封建的な王侯貴族ではなく、商工業者（資本家）の発言権が強い議会が政治の主役になった。
会社革命
家族や仲間による経営ではなく、帳簿に基づき公正な利益分配を求める出資者集団によって経営される株式会社の仕組みが広まる。
利益革命
会社革命によって公正な帳簿が求められるようになり、分配されるべき「利益」が算出されるようになる。
産業革命

蒸気機関の発明と改良によって、商品を工場で大量に製造できるようになったこと、植民地にそれらの商品を大量に販売できるようになったこと、そして鉄道や蒸気船の発達によって商品の流通量が増大し、かつ迅速に運べるようになったことで、世界の経済はいよいよ加速していきました。

　前章で概説した通信の技術革新は、こうした経済の加速をいっそう円滑にしました。こうして金本位制が個別の国だけで完結せず、国際的に結びついた制度として確立されていきます。世界中で安定したレートで金と貨幣が兌換《だかん》されるようになることで、経済活動はさらに活発になっていきました。
しかしその一方で貧富の差は拡大し、社会制度内に軋轢《あつれき》が溜《た》め込まれていきます。二度にわたる世界大戦は、産業革命期以降に溜め込まれたこうした軋轢が爆発したものだといえるでしょう。

東インド会社と「会社革命」

産業革命に先立つ人口革命、その人口革命の前提になる農業革命、それぞれに複数の制度的、技術的な原因が指摘されています。残念ながらここではその詳細にふれる余裕はありません。以下では、産業革命を進展させたその他の条件として「会社革命」と「利益革命」について述べます。

「会社（company）」の起源をいつとするかはその定義にもよりますが、世界最初の株式会社は一六〇二年に設立されたオランダの東インド会社です。産業革命の発端となった一八世紀のイギリスが世界各地を植民地として所有するようになる前の時代、世界の海を支配していたのはオランダでした。そのオランダの東インド会社は、大航海時代以後のヨーロッパとアジアをつなぐ貿易圏を支配していた巨大な「株式会社」です。

なお、のちにアヘン戦争などで悪名を轟《とどろ》かせるイギリスの東インド会社と、このオランダの東インド会社は、日本語では同じ名前ですが別会社です。オランダとイギリスという新旧の海上覇権国家をそれぞれ代表する両者は、アジア植民地の利権を争った競合相手でした。

暴風雨や疫病、未熟な航海術やライバル国からの妨害のために、当時の航海は危険に満ちあふれていました。アジアから船団が持ち帰ってくる、スパイスをはじめとした商品はヨーロッパの出資者に莫大《ばくだい》な富をもたらします。しかしその反面、航海の危険によって船が沈んでしまえば、出資者は大損をします。

この利益と損失を分散させるために生まれた仕組みが株式でした。「株」という証券を発行し、それを購入することで出資者は事業の利益と損失を分けあい、証券としてそれを売買することもできます。この時期にオランダで世界初の証券取引市場が生まれました。世界初の株式会社が誕生し、船団が航海の途中で立ち寄る国々と条約を締結することで、ヨーロッパの本国とほかの国々が貿易をするようになったのです。

それまで別々の会社だった六つの貿易会社が連合してできたオランダ東インド会社は交易相手の土地に拠点を設け、独自の軍隊を設置、貨幣の鋳造まで行なっていました。東インド会社は実質的にはひとつの国家とすら呼べる、といわれるのはこのためです。徳川家康が江戸幕府を開いたころの日本にも、オランダ商船が漂着しており、鎖国政策のもとでもオランダ（実質的には東インド会社）と清朝中国だけは、独占的に貿易が許されていました。

オランダ東インド会社が登場するよりも前、つまり株式会社が生まれるよりも前には、会社とは家族や仲間といった、親しい者たちが経営するものでした。これに対して、株式会社は家族や仲間のような顔見知り「以外」の出資者が多く含まれるようになる仕組みです。そして家族や仲間ではない出資者に対し会社の利益を正当に分配するために、公開できる正確な帳簿が求められるようになります。これを「会社革命」といいます。

現代の先進国の人口の多くを占める「会社員」が働く仕組みとしての「会社」は、このようにして生まれました。

鉄道会社の誕生と「利益革命」

家族や仲間による経営から、より広く出資者を募って大規模な資本を準備して事業を営むかたちに変わった株式会社という仕組みは、鉄道会社の林立へとつながっていきます。

当時の最先端技術であった鉄道は、産業革命を象徴する蒸気機関などの「動力」によって、たがいに離れている地域どうしを強く結びつけました。鉄道の敷設にともなって電信網や郵便も発達し、情報メディアとして機能するようになりました。

鉄道の線路と沿線の経済圏が地図のうえに「線」で描かれるのに対して、地図のうえに「面」として描かれるのが国境で区切られた領土です。三十年戦争後の一六四八年、ヨーロッパ諸国のあいだで結ばれたヴェストファーレン条約によって国際法が確立されると、それまで地図のうえでフロンティアとして曖昧にされていた世界のさまざまな地域も、ヨーロッパ諸国を中心に植民地として分割されるようになります。

それにともない、まだじゅうぶんに調査されていない遠隔地（ヨーロッパからみて未開とされる土地）の経済的、地政学的な価値を知るために地理学が発達しました。地理学はヨーロッパの基準と技術によって土地を測量し、地図という記号の集積体へと地球上の情報を盛り込んでいく学問です。これも現実世界をブラックボックスによって不可視化させるシステムだといえます。わたしたちは地図を眺めることによって、その図が示す土地を把握することができます。しかしその地図の把握は、現地にあるさまざまな差異を捨象して抽象記号を得ることによって可能になったものです。ブラックボックスとしての地図は、現地の具体的な差異を不可視化しているのです。

車両、駅舎、鉄道敷設のための資材、工事費用など初期投資に莫大な資金を必要とする鉄道会社ですが、事業が成功すれば、線路でつながれた都市のあいだに大量の人の行き来が生まれます。そうすると、往来する人々の衣食住の需要が生まれ、物資の運搬は安定し加速します。これによって生じる富は、株式会社のシステムによって、経営者の家族や仲間といった狭く限定された内輪の人間関係を超えて株主全員に配当として分け与えられます。

一攫《いっかく》千金を当て込んで鉄道会社の株を求める人々があらわれ、当時まだ新しかった証券取引所でさまざまな鉄道会社の株式を売買しました。電子取引の存在しないこの時代、株式などの証券は当然、紙でつくられていました。

特に深く考えなければ、鉄道は単なる輸送や交通の手段に過ぎないように思えるかもしれません。しかし定刻に規則正しく発着する列車は、利用者である旅行者や輸送業者だけでなく、沿線の住人にも「正確な時間」という感覚を定着させます。

また鉄道による定期的な大量物資輸送は、各種の産業への大規模投資を可能にします。投資から最大の富が得られるよう、産業を統合的に運用する際の計画においても、鉄道の役割は重要です。その意味で鉄道もまた情報技術の塊、すなわち巨大なブラックボックスなのです。

鉄道網の発達にともなって、列車を待つあいだや移動中に読むための携帯用の書物の需要が発生します。かつては図書館や書斎で読む貴重品だった書物は、出先で気楽に買って読んだら捨てても良い安価なものが主流を占めるようになりました。特にいわゆる新書サイズのペーパーバックが登場し、貴重品ではない「ありふれたもの（コモディティ）」としての書物を大量に生産する出版業が勃興するようになります。

減価償却の誕生

この時代は鉄道狂時代とも呼ばれ、イギリスの鉄道会社への投資（投機）熱はバブル景気の様相を呈していました。鉄道会社が事業を計画どおりに成功させるためには大規模な投資が必要ですが、その原資を得るには出資者に対して魅力的な配当を提示しなければなりません。しかし成功すれば大きな富を生み出すはずの鉄道事業も、出資者を集める必要性がもっとも高い初期投資の段階では売り上げが出ません。線路がまだ敷かれていないのだから当然のことです。そこで「減価償却」という画期的な考え方が編み出されました。

減価償却という考え方が生まれるより前の経営学では、仕入れにかかった支出を商売の売り上げから引いた「純収入」だけをみていました（これを現金主義といいます）。そこに減価償却の考え方を導入すると、仕入れにかかった支出のうち固定資産については長期的に分割して計算できるようになります。初期投資の支出のうち、固定資産の分が長期的に分割されるため、帳簿のうえでは毎期の支出は一見したところ割り引かれてみえます。このようにして導き出されるのが「利益」です。

単なる支出、収入、純収入という一過性のものから、長期的な事業におけるそのときどきの費用、収益、純収益という考え方への移行はこうしておきたのです。これが「利益革命」です。この「革命」により、会計や経営を生業としていない人々にとっては「利益」もまったくのブラックボックスとして不可視化されていきました。

投資によって加速する産業革命にとって、会社革命と利益革命は、蒸気機関と同様に不可欠な要素だったといえるでしょう。株式会社の登場（会社革命）によって長期的に利益を生み出す事業を始めることができるようになり、減価償却の考え方が生まれたこと（利益革命）によって、事業を始める際に大きな設備投資が可能になったのです。

『ディファレンス・エンジン』とラッダイト運動

人間の神経をコンピューターネットワークに直結し、「電脳世界（サイバースペース）」と呼ばれる領域で活躍する「サイバーパンク」というジャンルを牽引《けんいん》したウィリアム・ギブスンとブルース・スターリングは、一九九〇年に『ディファレンス・エンジン』という小説を共作しました。これは一九世紀のうちに蒸気機関と歯車によるコンピューターが実現していたら、という設定で描かれた作品です。電子回路ではなく蒸気機関（スチームエンジン）を前提にしたSFということで、「スチームパンク」と呼ばれています。

この小説の主人公はシビル・ジェラードとエドワード・マロリーのふたりです。シビルはラッダイト運動の指導者の娘、マロリーは「碩学《せきがく》貴族」という産業急進派の新興貴族階級のひとりです。ラッダイト運動とは、産業革命期に爆発的に発達した機械工業によって職を追われることになる手工業の職人たちが、失業を恐れて工場を襲撃した実在の事件です。

経済学者カール・B・フレイの著書『テクノロジーの世界経済史』によれば、産業革命以前の為政者たちは手工業職人たちの生業を脅かすような技術に対しては消極的でした。労働者の職が奪われると社会不安が高まり、ひいては自分たちの治世が危険にさらされることになるからです。産業革命以前、たとえば一六世紀に当時としては画期的だった靴下編機の技術を開発した牧師ウィリアム・リーに対して、エリザベス一世は特許を発行しませんでした。リー牧師は職人たちから激しく憎悪され、国外亡命を余儀なくされます。

これに対して産業革命期にラッダイト運動が巻きおこったのは、この時期にイギリスが市民革命を経て、君主よりも議会が優位な体制に移行していたことが関係しています。

職人たちによる暴動を恐れる君主ではなく、投資から得られる利益を重視する商人階級が台頭する議会政治の社会では、機械を導入することが優先されます。商人（資本家）がより大きな利益を上げることで国の富が増大すると考えられ、その過程で失業する労働者が生じることは仕方のないこととされたのです。

ロマン派の詩人で貴族でもあったバイロン卿は、ラッダイト運動に駆り立てられる労働者たちに共感し、この運動の参加者に厳罰を与える法案に反対する演説を行なったことで知られています。『ディファレンス・エンジン』では、バイロン卿は産業急進派という派閥の領袖として大英帝国の首相の座に就いています。

ラッダイト運動は、ＡＩによる業務効率化によって今後大量の失業者が生み出されるかもしれないという現代の不安、あるいはすでに自動化によって仕事を奪われている労働者たちの不満の高まりによって、現代においてふたたび懸念されるようになってきています。これはネオラッダイト、あるいはデジタルラッダイトといわれています。

なお、『ディファレンス・エンジン』には「モーダス」というプログラムが登場します。作中では、このプログラムは現実世界の初期コンピューターのように穴を開けたカード（パンチカード）によって実行されます。モーダスを所持しているのはレイディ・エイダ・バイロン。

バイロン卿の娘で、作中世界のコンピューター「ディファレンス・エンジン」を開発した科学者チャールズ・バベッジの愛弟子にして「機関の女王」と呼ばれていますが、彼女も実在の人物です。

2・2　ルネサンスと印刷革命

レオナルドと公証人の時代

さらに時代を遡《さかのぼ》りましょう。地中海を介してイスラム圏に直面していたイタリアの諸都市で、一四世紀になるといわゆるルネサンスが始まります。

ルネサンスを代表する芸術家レオナルド・ダ・ヴィンチの生家は、当時まだ貴重品だった紙を潤沢に使用できる公証人という職業を代々の生業としていました。公証人はいまでいう弁護士と司法書士と会計士を足したような仕事で、古代ローマ時代から続く、計算と文字による記録を担う重要な職業です。

紙が当たり前に身の回りにある環境で少年時代を過ごしたことは、レオナルドの性格や作風に大きな影響を与えたことでしょう。レオナルドは「メモ魔」で、七千ページにおよぶ手記が残されています。革表紙のついた携帯用ノートを腰に吊《つ》るして常に持ち歩き、思いつきを書き留めたり、目についたもののスケッチをしたりしていました。現代人がスマホを肌身離さず持ち歩き、目についたものの写真を撮ってインスタグラムにアップしたり、思いつきをツイートするようなものですが、五百年も前に生きた人だということを考えると驚異的です。

レオナルドの両親は正式な結婚をしていませんでした。裕福な公証人の息子として生まれましたが、非嫡出子だったのです。そこでレオナルドは貧しかった母親の家と、ほかの女性と結婚した父親の屋敷と、ふたつの家で育ちました。公式な教育をうけず、長じてからは教養がないと蔑まれたこともあるレオナルドでしたが、のちに数学にのめり込むことになります。レオナルドは近代的な複式簿記の教科書を書いて後代に大きな影響を与えた数学者ルカ・パチョーリと交友があり、共著まで書いています。

黙読革命

レオナルドが生まれたのは一四五二年、その約百年前にイタリアで書かれたのがジョバンニ・ボッカチオの『デカメロン』です。『デカメロン』は男女十人の登場人物たちが当時ヨーロッパで猖獗《しょうけつ》をきわめたペストの大流行を避けて集まり、外に出られない暇を潰すためにひとりずつ面白い話をする、という構成になっています。短編集のようにも楽しめる作品ですが、全体としてもひとつのまとまりをもっています。

ここで注意したいのは、『デカメロン』の登場人物たちが語るそれぞれの作中物語が、基本的に伝聞形であることです。この時代の人々は物語を口承で語り継いでいました。

国文学者で評論家の前田愛は『近代読者の成立』で、明治時代に日本の読者の書物の読み方が、それ以前に主流だった音読から、より効率的な黙読へと変化したと論じました。音読から黙読への読書の変化を「黙読革命」と呼ぶこともあります。

西暦一〇〇〇年ごろに書きはじめられた人類最古の長編小説ともいわれる紫式部の『源氏物語』は、当然ながら黙読革命以前の時代に書かれたものです。しかしほぼ同時代に菅原孝標《たかすえの》女《むすめ》が書いた『更級日記《さらしな》』には、孝標女が大ファンだった『源氏物語』を入手して読みふけったという記述があります。この時代でも黙読していたと考えられる内容なのです。もっとも孝標女は例外的に教養のある人物であり、『源氏物語』も当時の多くの読者には音読されていたようです。実際、『源氏物語』の作中で光源氏も、姫君が読み聞かされているのを聞いている、というような発言をしています。

ヨーロッパではすでに四世紀にアウグスティヌスが『告白』のなかで、「修道士たちのあいだで黙読が生まれた」と書いています。古代ローマの読書とは、書物を奴隷に読み上げさせ、主人がそれを聞くというものでした。この時代の人々は、立派な人間は労働を蔑むべきであると考えており、文字を読むことは労働とみなされていたのです。

ある意味で黙読革命は、多くの人々が「本を読む労働者」という奴隷の地位に甘んじるようになったことといえるかもしれません。

印刷技術の改良と書物の量産化

黙読の習慣が大衆に広まり音読の時代が終わるのは、一五世紀にヨハネス・グーテンベルクが活版印刷技術を改良し、その技術が産業革命によって機械化されるのを待たなければなりません。

グーテンベルクは合金による活字、印刷に適したインク、複数の活字を組んで印刷する機械など一連の発明により、印刷技術を改良しました。これを「印刷革命」と呼ぶ人もいます。活版印刷は文字種の少ないアルファベット圏に適していたため、これ以後、ヨーロッパでは大量の印刷物が生産されるようになります。それまでは財宝として扱われていた書物でしたが、グーテンベルクの印刷技術を受け継いでヴェネチアでさかんに出版活動を行なったアルダス・マヌティウス以後、携帯に適した大きさの判型が普及し、今日一般的に読まれている「書籍」の形態が徐々に出来上がっていくことになります。さらに紙の改良、蒸気機関による印刷機械の高速化が、書籍の民主化に拍車をかけていくのです。

かつては手で書き写されていた書物が機械によって量産されるようになり、多くの人々の手に行き渡るようになりました。『デカメロン』のような「小説」が登場し、このジャンルの作品が大量に書かれ、読まれるようになるのも、印刷技術によって書物が大量に製造できるようになったことと深い関係がありました。

羊皮紙本と修道院

「紙」が普及するよりも前のヨーロッパでは、手写本が書物の一般的な形でした。これは識字率の低い時代に、特別な教育をうけた人たちが高価な羊皮紙に一文字ずつ書き写すことでつくられるものです。手写本は工芸品として高い価値を与えられ、表紙を金銀や宝石で飾り立てられました。

貴重品だった書物は書庫に鎖でつながれ、盗難を防止するように工夫されていました。多くの書物が、現在の大学の前身となるヨーロッパ各地の修道院の図書館に保管されていましたが、王侯貴族も財宝の一種として書物を収集していました。

この時代の書物を描いた作品でもっとも知られているのは、世界的なベストセラーになり、名優ショーン・コネリーを主役に映画化もされたウンベルト・エーコの小説『薔薇《ばら》の名前』でしょう。

『薔薇の名前』の映画版には、キリスト教世界最大といわれる図書館（修道院の施設として登場します）の内部の様子が描かれています。入り組んだ階段でつながった小部屋のそれぞれには、作品の舞台となった一四世紀ヨーロッパキリスト教の主流派とは異なる思想を背景として描かれた書物が収められています。これらのほとんどすべてが巻物（巻子本）ではなく、紙を束ねて綴《つづ》った本（冊子本）であることが、映画をみるとよくわかります。

『薔薇の名前』の舞台はイタリアにある修道院という閉鎖空間ですが、その図書館にはギリシャという異国から伝来した書物が保存されています。また主人公のフランシスコ会修道士、バスカヴィルのウィリアムがイギリス人であることからもわかるように、さまざまな国から人が移動してくる場所でもありました。修道院という閉鎖空間は、書物と文化によって人々を引き寄せたのです。

修道院がそのような場所になるためには、別の場所や別の時代からそこに書物が大量に集められることが必要でした。修道院やその図書館は、そこに収められている書物が掻《か》き集められてきた「過程」を不可視化するブラックボックスでもあったのです。

インクとペン

書物の歴史を振り返るときに忘れてはならないのは、「何に書くか」だけでなく、「何で書くか」ということです。「何に書くか」については羊皮紙やパピルス、粘土板といった支持体が書物論のなかでもよく語られてきました。他方、「何で書くか」については語られる機会が少ないようです。しかし顔料、染料、そしてそれらを溶かし込む媒体（メディウム）も、これまでさまざまな「革命」を経てきました。

人類史の最初期からつかわれていた顔料は、木や獣の骨、油などを燃やして得られるスス（煤）で、それを獣の骨や皮、腱から煮出したゼラチン質（膠《にかわ》）に混ぜ込んでつかいました。東洋で書写にもちいられた墨（膠墨）は、接着剤としてもつかえる膠によって色を紙に定着させるものです。またヨーロッパでは、植物からとれる没食子酸というタンニンを含む成分をつかったブルーブラックインクが一〇世紀ごろに広まります。

顔料や染料をつかわずに、やわらかい鉱物を擦《こす》り付けて字を書く方法もありました。これは現在の鉛筆の原型になるものです。膠墨やブルーブラックインクのように、書きつけたあとでしっかりと定着せず、擦られると消えてしまうのが難点ですが、インクをつかう筆記具よりも使い勝手が良いので重宝されました。

粘土板がつかわれていた時代には、蘆《あし》の茎を削って押しつけることで文字を書いていました（楔形文字《くさびがた》）。また古代ローマでは、蠟板《ろうばん》に文字を書くためにつかわれた尖筆《せんぴつ》（スタイラス）というものがありました。スタイラスは現在、ペンタブレットやタッチパネルのようなものに文字を「書く」際につかうペン状の道具の名前として復活しています。

そもそもペンという単語は、鳥の羽根を意味する言葉からきています。抜き取った鳥の羽根の先を削ってつくられた羽根ペンや、蘆の茎を削ってつくるペンもあり、これらはインク壺《つぼ》にペンの先を浸して文字を書きました。このほか、現代でも絵画や書道につかわれる毛筆、ボールペンが普及するより前は一般的な筆記具だった万年筆などがあります。

さらにコンピューターのデータを出力する際につかうプリンターやコピー機、チラシや冊子を印刷するときにつかうインクなど、現代では用途に即してさまざまな顔料、染料、それらを溶かし込んだインクが開発されています。これらの筆記具もまた、ひとつの「革命」を経るごとにブラックボックス化していきました。

複式簿記の普及

イタリアでルネサンスが始まった背景には、十字軍遠征にともなう戦艦建造などの需要と、イスラム圏との地中海貿易による経済的な繁栄がありました。

戦艦の建造には長い時間と大きな資金が必要です。また貿易にも、船団に乗り込む船員、船に乗せる物資など、投資が必要になります。そのためイタリアの各都市には金を貸す銀行と、損害が出た場合にそれを補塡する保険会社が生まれます。

この時代でもうひとつ注目すべきは、イスラム圏から伝わってきた複式簿記がイタリアの商人たちのあいだにも広まりはじめたことです。現在でも貸借対照表、バランスシートとして事業経営に欠かすことのできない複式簿記の手法はこの時期からヨーロッパに広まりはじめたのでした。

複式簿記が普及する以前のヨーロッパでは、仕入れと売り上げはかなり杜撰《ずさん》に管理されていました。それまでの帳簿は、いわば在庫管理のメモでしかありません。貸方と借方を併記して常に釣りあうように計算をする帳簿が登場したことは、その後の時代の事業経営に計り知れない恩恵を与えました。貸したお金をどのように運用し、借りたお金をどのように運用するか。

複式簿記(貸借対照表)

資産	流動資産 現金 受取手形 売掛金 有価証券 商品	流動負債 支払手形 買掛金 短期借入金	負債
		固定負債 長期借入金 社債	
	固定資産 土地 建物 機械	資本金 利益剰余金	純資産

資産 ＝ 負債 ＋ 純資産

会社革命も利益革命も、複式簿記による事業経営なしにはありえなかった。その帳簿もまた広義の「書物」のひとつ。

このふたつをバランスさせることで事業をかつてなく活性化させたのです。すでにふれた会社革命も利益革命も、複式簿記による事業経営なしにはありえません。

複式簿記活用の歴史をまとめたジェイコブ・ソールの『帳簿の世界史』には、フランス絶対王政を確立したルイ十四世の次のようなエピソードが紹介されています。

四歳で即位したルイ十四世は、親政を開始した一六六一年に財務総監として採用したコルベールから会計報告をうけていましたが、コルベールの死去を機にその習慣を取りやめてしまいます。たびかさなる戦争と、ベルサイユ宮殿の建設で財政を逼迫《ひっぱく》させたルイ十四世は死の床で「朕《ちん》は国家を破綻させた」と嘆いたといわれています。

そのコルベールを讃《たた》えて頭角をあらわし財務長官（事実上の財務総監）の地位に就いたネッケルは、「破綻」していた国庫の状況を克明に記した帳簿を公開しました。これは王政が打倒されたフランス革命期のことであり、ソールは「のちに王が断頭台送りになったのは、このことにも一因がある」と書いています。

もちろん、複式簿記などの帳簿をきちんとつけるためには、そこに書かれるための文字と紙、計算方法、そして書かれたものを読む技術が必要になります。忘れられがちなのは、帳簿もまた「書かれる」ものだったということです。「書物」が詩歌や小説のような文学作品、あるいは論文のようなものだけを指す言葉だと思っていると見過ごしがちですが、政治や経済に関する文書もまた「書物」です。議事録、条約、契約書、手紙、そしてもちろん帳簿も「書物」なのです。

商人主義と植民地主義

複式簿記が発展したことによって、貿易から得られる利益が可視化されるようになりました。その結果、商人たちと、その商人たちを束ねる政府は、長期的な利益の蓄積を目論《もくろ》むようになります。商売の基本は、安く仕入れて高く売ること。他国から原料を安く輸入し、自国で製造した製品を他国に高く輸出するという政策（およびその思想）は、重商主義もしくは商人主義と呼ばれます。

商人主義政策のもとでは他国から製品を輸入する場合に高い関税をかけることで自国の製品を保護するということも行なわれます。ルイ十四世に重用された財務総監コルベールは商人主義を代表する人物でした。

一見すると商売の基本に忠実な商人主義ですが、政策レベルで複数の国がこの路線を採用すると問題が生じます。商人主義のもっとも大きな問題は、国家間と地域間に不均等を生じさせるということです。自国の内部では、商業活動が国に利益をもたらし、また国も商人を保護するので、国と商人のあいだの関係は強まります。この強い結びつきは一方で愛国心を高める効果があります。しかし他方では、国どうしがたがいの利益を奪いあうことになり、国際的な緊張が高まっていきます。

商人主義により加速した植民地主義体制のもとでは、宗主国が植民地から原料を安く仕入れて、製品を植民地に売りつけるようになります。植民地とされた地域では土地が痩せ細り、生産物は宗主国に奪われ、宗主国でつくられた高額の製品を売りつけられるため地域経済も貧しくなっていく悪循環が生じます。搾取される植民地の側には宗主国に対する不満が蓄積され、これがのちの独立運動の高まりにつながっていくのです。

2・3 中世以前の書物と貨幣

紙幣の誕生

さて、書物が羊皮紙によってつくられていた時代の西洋では、当然ながら紙幣もまだつかわれていません。紙幣が西洋に登場するのは一七世紀になってからであり、それ以前の西洋の経済は硬貨を中心に営まれていました。

紙幣がヨーロッパではじめて登場したのは北欧のスウェーデン王国でした。当時のスウェーデンは三十年戦争に参戦し、戦費に国の財政が圧迫されるようになっていました。三十年戦争はフランス王家（ブルボン家）とハプスブルク家の対立に端を発し、カトリックとプロテスタントの宗教対立をも巻き込んで、ヨーロッパのほぼ全地域が参戦した戦争です。この戦争に参戦し、戦費のために金銀が不足したスウェーデン国内では銅貨が流通するようになっていましたが、銅貨はかさばるため、ストックホルム銀行が銀行券を発行してこれに代えたのです。

人類初の紙幣は、一〇世紀中国（当時の王朝は宋《そう》。のちの南宋に対して北宋ともいいます）の四川地方で生まれました。この地域では銅の産出量が少なく常に銅が不足していたため、代わりに鉄の硬貨（鉄銭）をつかっていました。銅よりもさらにかさばる鉄銭は、少額の取引ならばまだ良いとしても、高額の取引にはまったく不向きでした。そこで、硬貨を預かって、その硬貨を預かった証《あかし》として手形（交子）を発行する「交子鋪」が登場します。この交子が人類初の紙幣です。交子は木版で印刷されており、政府のお墨付きを得ることで単なる預かり手形ではなく、紙幣として機能するようになったのです。

交子の発行は政府の官業とされ、その発行益は政府の重要な収入源となったため、贋札《にせさつ》づくりは大罪とされました。旧大蔵省印刷局に勤めていた植村峻《たかし》の著書『贋札の世界史』には、世界初の紙幣誕生の直後から贋札づくりが横行した様子が描かれています。同書によれば、交子発行の背景には当時の反乱のために武器の製造が必要になり、それにともなって鉄の需要が高まり、鉄銭の製造が停止されたこともあったようです。

交子はたいへん便利であり、その発行益を政府が得られることもあって、流通量が次第に増えていきます。ある地域で流通する通貨量が増えると、一般的に物品の価格（物価）が上昇し、さらに通貨の発行が求められるという事態に陥ります。北宋政府は当初、四川産の高級紙をつかって紙幣を印刷していましたが、やがて四川産高級紙の供給が追いつかなくなり、ほかの地方の質の悪い紙を原料につかうようになります。贋札の横行は、紙幣の原料紙の質が低下したことによって加速されたのです。

人類初の紙幣である交子は、銅の不足や鉄銭の扱いにくさを不可視化したブラックボックスだったといえます。のちにヨーロッパでも紙幣が生まれ、その発行権を有する政府に準備金（紙幣と兌換するための金）が不足している状況を不可視化します。中国とヨーロッパという空間的隔たりと数世紀の時間的隔たりを超えて、このブラックボックス性は現代に生きるわたしたちが日常的に使用している紙幣にまで受け継がれています。

『杜子春《とししゅん》』に描かれたブラックボックス

人類最初の紙幣を生んだ宋王朝が成立するよりも前に中国を支配していたのは唐《とう》王朝でした。唐の時代には、不思議な出来事を描く「伝奇小説」と呼ばれるフィクションのジャンルが生まれます。これらは「唐代伝奇」、あるいは宋代のものも含めて「唐宋伝奇」ともいわれます。

この伝奇小説を元ネタに一九二〇年に日本の芥川龍之介が発表したのが、童話としていまでも広く親しまれている名作『杜子春』です。

『杜子春』は、唐の時代に中国経済の拠点だった洛陽《らくよう》とその近郊を舞台に始まります。裕福な家に育った主人公の杜子春が、財産をつかい果たしてしまい途方に暮れていたところ、のちに仙人だということが判明する見知らぬ老人に声をかけられ、ある場所を掘ると黄金が手にはいると教えられます。いわれるままに土を掘り返し黄金を得た杜子春ですが、数年でその財も濫費し尽くします。ふたたび途方に暮れているとまた老人があらわれ、杜子春は黄金の場所をまた教わります。今度得られた財も数年でつかい果たした杜子春は、またしても老人と出会い、黄金の場所を教わるのです。

しかしこのとき杜子春は「黄金はもう要らない、弟子にしてくれ」と老人に頼みます。このあと弟子入りを許された杜子春は、竹棒に老人と相乗りして四川省にある霊峰「峨眉山《がびさん》」へと向かいます。師匠となった老人は杜子春に「妖怪があらわれても声を発してはならない」と言い置いて杜子春のもとを離れます。老人が不在にしているあいだにあらわれた妖怪によって地獄に落とされた杜子春は、痩せ馬に転生させられた両親に引きあわされ、なお声を発することを拒みましたが、息子を思う母親の言葉に思わず声を発してしまい、気がつくと竹棒に乗る前の洛陽近郊に戻っていた、というお話です。

芥川が書いた『杜子春』は、唐代に書かれた同名の伝奇小説をもとにしています。岩波文庫『唐宋伝奇集』訳者の今村与志雄の解説によれば、唐の時代までの小説（中国では「古小説」と呼ばれる）の作者は、その多くが歴史家でもあり、妖怪が出てくるファンタジー的な作品でも、当時の読者には現実と地続きのものとして受け止められていました。伝奇小説の成立過程でようやく、虚構と現実が分離しはじめたというのです。

唐代の『杜子春』の作者は牛僧孺《ぎゅうそうじゅ》という政府の高官（宰相を歴任）で、同作者による『杵、燭台、水桶、そして釜』は主人公の名前を「元無有」つまり「元から何も無い」といって、虚構であることを明示しています。

じつは牛僧孺の『杜子春』にも元ネタがあります。唐代の『杜子春』の元ネタには、のちに成立する『西遊記』で有名な三蔵法師玄奘《げんじょう》が関わっています。玄奘は七世紀に唐から現在のインドへ巡礼し、多数の書籍を持ち帰りました。『杜子春』はその玄奘が伝説を記して持ち帰ったものをもとに翻案して中国で書かれた作品群を参考にしているのです。また牛僧孺の『杜子春』の舞台は、唐代の洛陽を舞台にした芥川の『杜子春』からさらに三百五十年ほど遡った六世紀（北周から隋《ずい》）ごろ、政治の中心だった長安に設定されています。

なお牛僧孺の『杜子春』で描かれる貨幣は硬貨です。牛僧孺が生きた時代はまだ紙幣が発明される前なので当然のことです。木版印刷で人類初の紙幣をつくった宋の時代には出版文化が隆盛をきわめました。店舗を構えて書物を商う、いわゆる「書店」は、書肆《しょし》や書賈《しょこ》などと呼ばれ、この宋朝後期（南宋）に中国の歴史ではじめて登場しました。

芥川龍之介の『杜子春』も、牛僧孺の『杜子春』も、その作品を読んだだけでは、それぞれに元ネタがあることはわかりません。しかし芥川版では洛陽から峨眉山、牛僧孺版では長安から華山と、都市部から霊峰へ向かう移動が描かれています。霊峰で杜子春は死を経験し、地獄の閻魔《えんま》大王の裁きをうけることになります。牛僧孺版では、芥川版よりさらに「移動」がワンステップ多く、女性に生まれ変わるところまで進みますが、『杜子春』のような短編でさえ、現実には不可能な時空の移動が可能です。それは物語や書物というブラックボックスが、「移動」にともなう肉体的、技術的な諸問題を不可視化しているからです。唐代に伝奇小説という現実から乖離《かいり》した物語表現が飛躍的に発展したのは、この不可視化の機能によるものでした。

『百万塔陀羅尼《だらに》』と宋版

日本の書物づくりのルーツは八世紀に大量に印刷された小さなロール状の経文『百万塔陀羅尼』で、これは現存する世界最古の印刷物です。

『百万塔陀羅尼』の印刷事業を開始したのは称徳天皇です。その背景として、唐代の中国でつくられた「無垢《むく》浄光塔」という慰霊塔のことが、唐に留学していた僧から日本に伝わったのではないかといわれています。

日中の文化的交流は、九世紀に遣唐使が中断されたことでいったん途切れますが、唐滅亡後の五代十国時代の混乱を経て、一〇世紀に中国を再統一した宋王朝の時代に再開されます。貴族や軍人を排して文治主義を行なった宋王朝では文臣が文化を爛熟《らんじゅく》させ、木版印刷も隆盛をきわめました。この宋王朝の印刷文化と印刷物が海を越えて日本にも伝来したのです。このとき伝来した書物は「宋版」といわれ、その完成度の高さから珍重されました。

『源氏物語』の主人公・光源氏のモデルともいわれ、摂関政治によって権勢をほしいままにしていた藤原道長も、宋版をときの天皇である一条帝に献上しています。この一条天皇は学才に秀でた人物として伝えられており、その治世に『源氏物語』の紫式部や『枕草子』の清少納言が活躍したのも自然なことでした。

平安時代の日本では、単に書物といえば「写本」(手写本)のことであり、内容だけでなく見た目も美しい宋版は「摺本《すりほん》」と呼ばれて区別されていました。宋版は日中貿易における中国(宋)側の主要商品のひとつでしたが、このころの日本は宋銭(銅で鋳造された硬貨)も大量に輸入していました。末法思想の流行にともない、多くの仏具が求められ、その原料となる銅が大量に必要だったからです。

宋銭と貿易の拡大

当初は硬貨に含まれる銅を求めていた日本でしたが、やがて一二世紀に平清盛が台頭すると日宋貿易を振興し、さかんに宋銭を輸入して日本国内でも通貨として流通させるようになります。平清盛が反対勢力である守旧派貴族から「自国で製造していない貨幣を流通させるのは贋金をつかうのと同じだ」という批判をうけたことは無視できません。清盛は反対派を弾圧し、あくまで宋銭流通を容認したのでした。宋銭の流通は鎌倉時代になってますますさかんになり、室町時代になっても当時の中国の王朝である明《みん》の硬貨（明銭）より信用されたといわれています。

なお、宋銭が流通するようになるよりも前、日本には硬貨を鋳造する「鋳銭司」という役職があり、国産の銅貨や銀貨がつくられていました。有名な和同開珎《わどうかいちん》がつくられたのは八世紀のことで、それまでは物でおさめることが義務付けられていた税に硬貨を含めることが許されるようになりました。

しかしこののち、硬貨の流通によって物価が上昇し、硬貨の流通量が追いつかなくなって硬貨の発行は停止されることになります。平清盛が宋銭を大量に輸入するようになるまで、日本の経済は硬貨を中心としない物品経済へと逆戻りしてしまいました。ただし、租税の物納や国外との貿易の価格や交換の基準として価格を定める法律（估価法《こかほう》）は存在し続け、物品経済に逆戻りしていた時期にも、価値の尺度としての通貨の役割は維持されていました。

シルクロードと旅

宋銭は、日本以外の宋の周辺各国でも広く利用されていました。宋本国ではすでに紙幣の流通が急速に進んでおり、硬貨を他国に輸出しても問題がなかったのです。なんといっても中国という大帝国のお墨付きがある硬貨であり、信用度が高かったものと考えられます。

宋銭はユーラシア大陸の西方面、現在のイランにあたるペルシアやアフリカ大陸にまで渡っていました。これは唐の時代に確立したシルクロードを往来した各国の商人たちの手によるものです。

唐宋時代の伝奇小説には、ペルシアの影響を感じさせる作品が含まれています。唐はヨーロッパを含む当時の世界最大の経済大国であり、ペルシアから渡来した商人のための地区を設けたり、北方や西方の異民族とも積極的に交易を行なっていました。唐宋に続くモンゴル系の元王朝には、『東方見聞録』で有名なイタリア人マルコ・ポーロとモロッコ出身の旅行家イブン・バトゥータが数十年のあいだを置いて訪れています。

イブン・バトゥータは自分が持参した金貨が、モンゴル帝国の首都では紙幣に両替しないとつかえないことに驚いています。宋のあとの時代なので、すでに紙幣が普及していたのです。イブン・バトゥータを驚かせた紙幣はモンゴル皇帝の権力を秘めた「ブラックボックス」として、当時の人々のあいだで流通していたのではないでしょうか。貨幣は権力を背景に、しかしその権力との結びつきはあきらかにせず不可視化しているのです。

ところで、シルクロードというともっぱら砂漠を行く「オアシスの道」が有名ですが、このほかに「草原の道」や「海の道」などがあります。マルコ・ポーロは中国へ向かうときには陸路、帰りには海路をつかいました。イブン・バトゥータのアジアへの旅は海路が中心でした。歴史家の森安孝夫はシルクロードを、東西をつなぐ単なる線状の「ロード」ではなく、南北の移動をともなう無数の中継点をもつ面を構成するネットワークとしてとらえることを提唱しています（『興亡の世界史　シルクロードと唐帝国』）。こうした「ネットワークとしてのシルクロード」も、不可視化されたブラックボックスのひとつといえるでしょう。

2・4　文字・言葉・数

製紙法の改良

さらに時代を遡りましょう。二世紀ごろの中国を治めていたのは漢王朝でした。中国最初の統一王朝である秦《しん》が滅亡し、再度これを統一した王朝です。西暦八年から二三年まで国号が「新」に変えられていたので、これを境に西暦八年までを前漢、西暦二五年以降を後漢といいます。この後漢の時代、蔡倫《さいりん》という宦官《かんがん》が質の良い実用的な紙を皇帝に献上したことが、しばしば「紙の発明」として言及されます。植物の繊維を砕いて漉《す》いた「紙」はこれ以前の時代の遺跡からも出土しているので、蔡倫は紙の発明者ではなく、製紙法の改良者だったとする説が現在は通説になっています。

蔡倫の製紙法でつくられた紙は「蔡侯紙」と呼ばれ普及しました。蔡倫以前の紙は脆《もろ》くて書字には適さず、もっぱら包装用につかわれていたと考えられています。蔡倫以前、文字は紙ではなく、木や竹を薄く細く切ったものを紐《ひも》でつないだ木簡や竹簡、そして絹に書かれていました。しかし木簡や竹簡、絹はかさばったり高価だったりしたため、蔡侯紙が普及して以降の中国、そしてのちに中国の製紙法が普及した地域では、紙が従来の書字メディアの手間（フリクション）を忘却させた、つまり「不可視化」したといえるでしょう。

二世紀以降の中国で普及した「書字媒体としての紙」は、紙の原料となる木材や木綿を不可視化しました。原料を不可視化し、先行するさまざまな書字媒体をも不可視化するものとして紙は登場し、その後、現在にいたる約二千年の歴史を歩みはじめたのです。

なお蔡倫以降も製紙法は改良を重ねられ、紙の価格は時代を追って劇的に低下していきます。ヨーロッパで改良された活版印刷技術と産業革命を経た現在にいたるまで、紙は貨幣や書籍の材料として、桁外れともいえるほど大量生産をされていくのです。

硬貨の登場

漢代の中国にはまだ紙幣はなく、型に溶かした金属を流し込んでつくる鋳造貨幣がつかわれていました。また一部では、装飾や埋葬用の呪物としても使用されていたタカラガイという種の貝殻が貨幣としてつかわれていたことが伝えられています。

人類初の金属貨幣はユーラシア大陸の西に目を移し、遠く中東、現在のトルコ共和国に位置したリュディア王国で紀元前七世紀ごろにつくられました。砂金がとれる地方だったので、その金の粒の重さをはかり、その重さと動物などの図像を刻印し、王国政府が品質を保証していました。これをエレクトロン貨といいます。

それまで金を市場でつかうときにはその都度、秤《はかり》で重さを計量していたのですが、重さの刻印があり王国が品質を保証しているエレクトロン貨であれば、計量の手間を省くことができます。あらかじめ重さを刻印された金属貨幣は、いわば計量という手間を不可視化しているのです。

なお、ほぼ同時期の中国（春秋戦国時代）では、鋤《すき》や刀などの実用品の形を模した鋤貨、刀貨がつくられていました。実用品による物々交換から、携帯性を追求して小型化したものではないかと考えられています。鋤貨や刀貨は、それぞれが模した実用品の用途を不可視化し、経済活動のためだけに小型化したものといえるでしょう。取引の際の毎度の計量という手間や、鋤貨や刀貨が不可視化した実用品の用途は、硬貨の額面というブラックボックスによってさらに不可視化されたのです。

商品とその価値は、硬貨の登場によって、かつてなく厳密に数値化されることになります。鉱山の採掘によって原料となる金属の豊富な産出が保証されると、その発行益と貯蔵可能性により、硬貨は市場取引を安定したものにしました。硬貨が登場するよりも前の経済は物品経済といい、価値の尺度は、日本であれば絹、あるいは家畜や農作物の種子などではかられていました。硬貨が登場することによってこれらの物品にも価格が付与され、貨幣経済のなかにとらわれていくことになります。

さまざまな商品を取引できる共通の単位としての価格が登場することによって、のちの時代の計画経済や財政も可能になったのです。

ディオニュシオス一世の改鋳

リュディア王国から始まった硬貨発行はさらに西の地中海に伝播《でんぱ》し、ヨーロッパでも貨幣経済が開始されます。紀元前五世紀から紀元前四世紀ごろ、現在のイタリア、シチリア島にあったシラクサという都市で僭主《せんしゅ》の地位にあったディオニュシオス一世は、市民たちからの借金で首が回らなくなったため、興味深い対策を採用しました。

その方法は市民たちを脅して貨幣を供出させ、もともとの額面の倍の額を上から打刻し、受け取った半分を返却するというものでした。すでに流通している貨幣の額面に倍額を打刻したことで、ディオニュシオス一世は貨幣の発行益をまるまる得たことになります。

しかし本来、鋳造の際には品質を保証するために額面あたりの重さが決められています。ディオニュシオス一世の時代の通貨の単位は「ドラクマ」でした。ドラクマは紀元前六世紀ごろから紀元前一世紀まで長きにわたり、地中海世界で広くつかわれ、イランやインドまで広がっていました。ディオニュシオス一世は勝手に通貨を改鋳したことになり、シラクサの市民はほかの都市との交易の際、価値が半分になった硬貨を使用せざるをえず、やがて信用を失ったのではないかと考えられます。

しかしここで重要なのは、ディオニュシオス一世が「倍額を打刻する」という発想を得たということです。貨幣の額面が、その重さや実用性と結びついているとしたら、額面を変えるだけでは役に立ちません。通貨の単位が確立され、貨幣の重さや実用性というものを不可視化していたからこそ、のちにきわめて軽量で、燃やすくらいしか実用性のない紙幣や、実体がほぼ存在しない電子貨幣のようなものが登場できたのです。

度量衡の誕生

通貨の価値と重さに対応関係をもたせるためには、それぞれに「単位」の制定が必要になります。いわゆる「度量衡」です。度量衡は中国をはじめて統一した秦でつかわれた言葉で、長さ（度）・体積（量）・重さ（衡）の基準を定めた制度を指します。地中海世界でも六十進法に基づく度量衡が古代メソポタミアからエジプト経由で導入されていました。

度量衡は、租税の取り立てを管理するために必須のものです。何をどれくらい、いつまでにおさめるかということは、長さ、重さ、体積の単位なしに布告することができないからです。また、取り立てるものの単位を定めても、自国にどれくらいの民がいるのか、彼らがどれくらい豊かなのかを把握しなければ、適切な課税量を検討できません。過重に取り立てれば民は疲弊し、国家を栄えさせることができないからです。このため、漢でも古代ローマでも国勢調査が行なわれました。

そして当然、「いつまでにおさめるか」を定めるために暦、つまりカレンダーが必要になります。農耕民の側でも、農作物の種播《たねま》きや収穫などの段取りのために暦は必要です。交易をする商人たちも時期によって農作物の量が変わったり、航海のための風向きが変わったりするために暦を必要としました。

文字の誕生

度量衡、国勢調査、暦などの整備によって、広い範囲を勢力下に収める帝国が出現したのが、人類最古の文明のひとつといわれる古代メソポタミアです。

現在のイラク共和国の一部にあたるチグリス川とユーフラテス川の流域、メソポタミア地方に紀元前七世紀からはるか紀元前五〇〇〇年代まで遡る歴史をもつこの文明の遺跡からは、現存する人類最古の「書物」である粘土板が出土しています。紀元前三三〇〇年ごろにつくられたと思われるその「書物」は、取り立てた税のリストつまり帳簿だと考えられています。

この粘土板には人の名前と思われるものや、動物や食料品が数字とともに楔形文字で刻まれています。これより古い出土品に文字の書かれたものが発見されていないため、このころ文字が発明されたといえます。

古代メソポタミアの人々は文字を粘土板に刻むようになる前には、トークンと呼ばれる粘土玉をつくって税収の管理を行なっていました。このことをもって、文字よりも先に数の概念があった、ということもできるでしょう。紀元前一八世紀に成立したハンムラビ法典には、貸し借りの際の利子についての項目があります。つまり貨幣が生まれるよりも前から金融が行なわれていたといえるのです。

金融の起源について語るために、少し遠回りしましょう。紀元前五世紀から紀元前四世紀の古代ギリシャの哲学者プラトンは、その著作『パイドロス』でみずからの師ソクラテスと友人パイドロスの対話を描きました。このなかでソクラテスは古代エジプトの神話を参照しつつ、言葉のふたつのあり方について語ります。
ソクラテスの語る神話は次のようなものです。古代エジプトに住んでいたテウトという神は「算術と計算、幾何学と天文学、さらに将棋と双六《すごろく》などを発明した神」（『パイドロス』藤沢令夫訳。以下同）でした。このテウトが、当時のエジプトの「王様の神」タモスに文字を発明したことを告げ、エジプトの人々に広く伝えることを勧めます。テウトが発明したさまざまな技術を吟味したタモスは「文字の発明」には苦言を呈します。
テウトは文字を学べば、人々の知恵は高まり、物覚えは良くなるだろう、と主張したのですが、タモスはテウトの発明の才を讃えつつも、文字によって人々は「記憶力の訓練がなおざりに」なり、「彼らは、書いたものを信頼して、ものを思い出すのに、自分以外のものに彫りつけられたしるしによって外から思い出すようになり、自分で自分の力によって内から思い出すことをしないようになる」と指摘します。

「死んだ言葉」と「魂をもった言葉」

注目したいのは、このくだりに続けてソクラテスが次のように語ることです。

絵画が創り出したものをみても、それは、あたかも生きているかのようにきちんと立っているけれども、君が何かをたずねてみると、いとも尊大に、沈黙して答えない。書かれた言葉もこれと同じだ。それがものを語っている様子は、あたかも実際に何ごとかを考えているかのように思えるかもしれない。だが、もし君がそこで言われている事柄について、何か教えてもらおうと思って質問すると、いつでもただひとつの同じ合図をするだけである。それに、言葉というものは、ひとたび書きものにされると、どんな言葉でも、それを理解する人々のところであろうと、ぜんぜん不適当な人々のところであろうとおかまいなしに、転々とめぐり歩く。

（『パイドロス』）

ソクラテスはこのような「言葉」を非難し、そうではない言葉があるかとパイドロスに問いかけます。この問いかけに答えてパイドロスは「ものを知っている人が語る、生命をもち、魂をもった言葉のことですね。書かれた言葉は、これの影であると言ってしかるべきなのでしょう」といいます。

ソクラテスはこのやりとりから、知を愛すること（フィロソフィア）と、みせかけだけの博識とを区別し、前者は「いきいきとした語らい」をするが、後者は「死んだ言葉」をありがたがる、われわれは前者でなければならないといいます。哲学（フィロソフィー philosophy）の由来になる有名なくだりです。

タモスが苦言を述べ、ソクラテスが非難している「死んだ言葉」は文字として彫りつけられ、問いかけてもまるで絵画のように沈黙をするか、書かれたことを繰り返すのみです。これに対して、「魂をもった言葉」はいきいきとして「語らい」をすることができるのです。

タモスやソクラテスの態度は、新しい技術が登場するたびに連綿と人類史上で繰り返されてきた保守的な態度そのもののようにもみえます。また、書かれた言葉と話し言葉に不一致を認めてこの差異を埋めようとするのは、口伝えの物語を取り込もうとした中国の白話小説や、ルネサンス期イタリアや明治期日本など世界中でおきた言文一致運動をも思いおこさせます。

文字、数、金融が不可視化したもの

ソクラテスによって「死んだ言葉」と非難された文字は、人類にとって究極のブラックボックスのひとつです。ごく単純化していえば、文字は「文字以前にあった固有の存在がもつ多様性」を不可視化しています。たとえば「ウシ一頭」と文字で書いた場合、そのウシはオスでもメスでも、若くても老いていても、太っていても痩せていても、同じになります。ハナコという名前の、乳のよく出る太った雌牛と、タロウという名前の、年老いて痩せた雄牛が同じものとされてしまうからです。

文字よりも先にあったと思われる数の概念は、言葉よりもいっそう「多様性」を不可視化します。たとえばさまざまな色の毛並みのウシの集団がいるときでも、数はそれが何頭の集団なのかを指し示すだけだからです。そしてこのような抽象化によって、金融という考え方が生まれたことは忘れてはなりません。

金融を意味する英語はfinanceです。「fin」は「終わり」、すなわちお金やモノの貸し借りについて清算することを意味しています。乳を出すウシを借りた者が、翌年の同じころにそのウシを返すだけでなく、その仔《こ》を足して二頭を返さなければ清算できない（終わりにできない）とき、ウシを貸した者は、一年間は手元からウシ一頭が減りますが、翌年には二頭を受け取れる。こうして金融という考え方が生まれたのです。

「金融」によって不可視化されたものは何でしょうか。ひとつは、貸し借りされているモノの多様性です。さらに返済されるときのモノの多様性も不可視化されています。未来のことは誰にもわかりませんから、約束の分量を返済できない可能性もあります。

文字、数、金融はそれぞれ不可視化されたものを内包しつつ人類史に登場し、現代にいたるまでさまざまに姿を変えて受け継がれてきました。

文字以前の世界

最後に、文字が生まれる前の時代のことも考えておきましょう。言語が生まれてから、文字が残されるようになるまでの時代は、考古学的に考えるしかない世界です。この時代に言葉を人々に教える者が「語り部」でした。

そもそも言語は人間の本能的なものではありません。言葉を教わらないで育てられた子供は言葉をつかえません。言語は人類史のどこかで「発明」されたものなのです。

では、人類は言語というブラックボックスを発明したことで、何を不可視化したのでしょうか。それはおそらく、人間を取り巻く自然、世界や環境と呼ばれるものの不安定性です。人類は天空と地上の出来事とを結びつけた物語や数字をもちいることで暦を発明しました。暦は気温の変化の周期性、動植物の収穫のタイミング、災害のおこりやすさを人類が知るために活用されました。暦なくして人類は、農耕も都市建設も困難だったはずです。また、暦がなければ金融もありえません。貸し借りを清算する期日を未来に設定することができないからです。災

言語・数、トークン、モノ

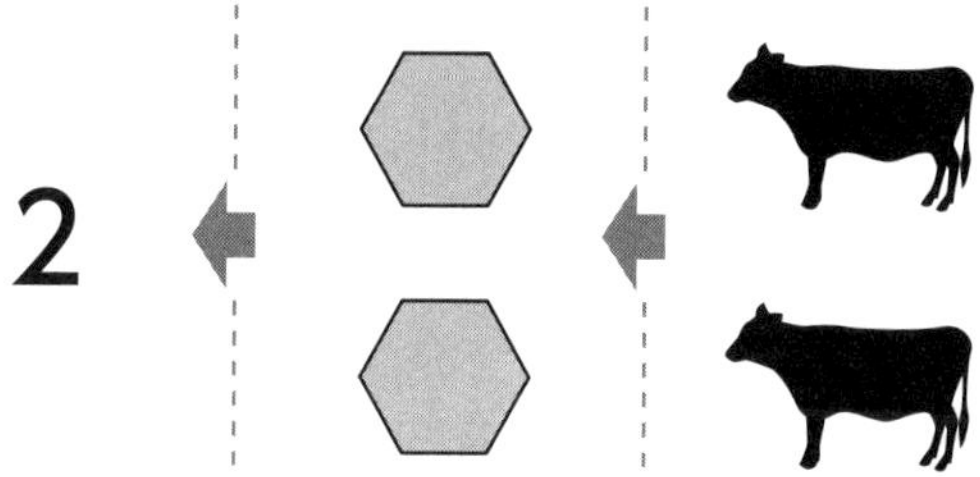

トークンはモノの個別性を捨象（不可視化）する。
数字（文字）の発明によってトークンの持っていた具体性はさらに捨象され、計算（Compute）可能になる。

害のおこりやすさ、気候の周期性（漁猟や田畑の収穫予定）を推測してつくられた暦は、いつか未来に清算されるものとしての貸し借り、つまり金融を可能にするのです。

数の概念を含む言語は、天空と地上を結びつける領域をつくり出し、語り継ぐことを可能にしました。語り継がれた知識は年月を経るごとにその正しさを試され、信憑《しんぴょう》性を帯びるようになったでしょう。信憑性を帯びた物語をもつ人々は、災害を避け、適切な農耕を行なえるようになり、原始社会でほかの集団よりも力をつけるようになりました。語り部たちが過去の出来事を語り継ぐ際には、覚えやすく思い出しやすいように、リズムや音高の変化をつけていきます。これが韻律となり、いわゆる韻文つまり詩歌の起源になっていきます。リズムと音高を楽器で奏でる「音楽」は古来、宗教儀式には欠かせないものです。周期的なリズムをもつ演奏は、暦のような巨視的なスケールと、可聴域の等身大のスケールとを同期させるからです。現代でもさまざまな式典で音楽が奏でられます。太古のように天界と同期するようなスケールでこそありませんが、あるリズムやメロディ、詩句が多くの人々の感情や記憶を同期させ、共同体の意識を強めるからです。最近では、アメリカ合衆国の第四十六代大統領にジョー・バイデンが就任する際の式典で、人気歌手レディー・ガガがアメリカ国歌を歌い、また二十二歳の詩人アマンダ・ゴーマンが朗読を行ない話題になりましたが、これも共同体の意識を強める儀式といえるでしょう。

文字が残されるようになる前のことについては、残された文献から推測するという方法もあります。ただし、文字が発明されてからしばらくは、権力の近くにいる高い階層の人間しか読み書きができなかったと思われます。したがって後世に残された文献が、それ以前の語り部の語り継いできた物語をそのまますべて伝えているとは考えられません。文献化する際に、文献化を担った者たちによる取捨選択や整理改変が加えられ、その意図や、切り捨てられたり歪《わい》曲《きょく》させられたりしたものは当然、不可視化されています。

人間はまだコンピューターが存在しない時代から、自分たちの環境を一種の暗号（code）としてとらえ、それを解読（decode）してきたのです。その結果をもとに、テウト神のように計算（compute）を行ない、暦をつくったり、金融や農耕、貿易を営んできたのです。

第一章の冒頭で、わたしはこの文章をわたしの手元にある iPhone で書いている、と記しておきました。ここまで、スマホによるモバイルコンピューティングを可能にする、インターネットやコンピューター、通信網の歴史をひもとき、それ以前の情報技術のさまざまな発展を大急ぎで辿《たど》ってきました。いまこの手のひらのなかに収まる小さなブラックボックスには、いわばそのすべてが詰まっています。

しかし、ブラックボックスなのはこのスマホだけではありません。いまこの文章を書いているわたしも、またこの文章を読んでいる読者の皆さんも、ブラックボックスなのではないでしょうか。かつて天界と地上の歴史をリズムと音高の反復によってみずからのうちに不可視化し、生きるブラックボックスとなった語り部たちのように。

第三章　人間は印字されたページの束である

3・1　印象と心像

ブラックボックスとしての語り部

ここまで書物と貨幣の歴史を遡《さかのぼ》りながら、情報技術によってさまざまなものの不可視化（ブラックボックス化）が行なわれ、その都度、前の時代のブラックボックスが次の時代のブラックボックスに収納されて入れ子構造をつくってきたことをみてきました。

書物と貨幣の歴史を原初まで遡ると、そこには語り部たちによる口承言語だけの世界がありました。最初のブラックボックスは文字が生まれる前の、口承された数や言語です。そこにないものを名指す言語が生まれたことで、ひとは不可視のものをあたかもそこにあるかのように思考できるようになりました。

やがて文字が生まれ、書物がつくられるようになり、その書物は産業革命によって爆発的に世界に満ちあふれるようになります。産業革命以後に生きているわたしたちにとって、産業革命以前の世界、大量生産品で埋め尽くされていない世界は遠い過去のものになりました。想像

不可視化の入れ子構造

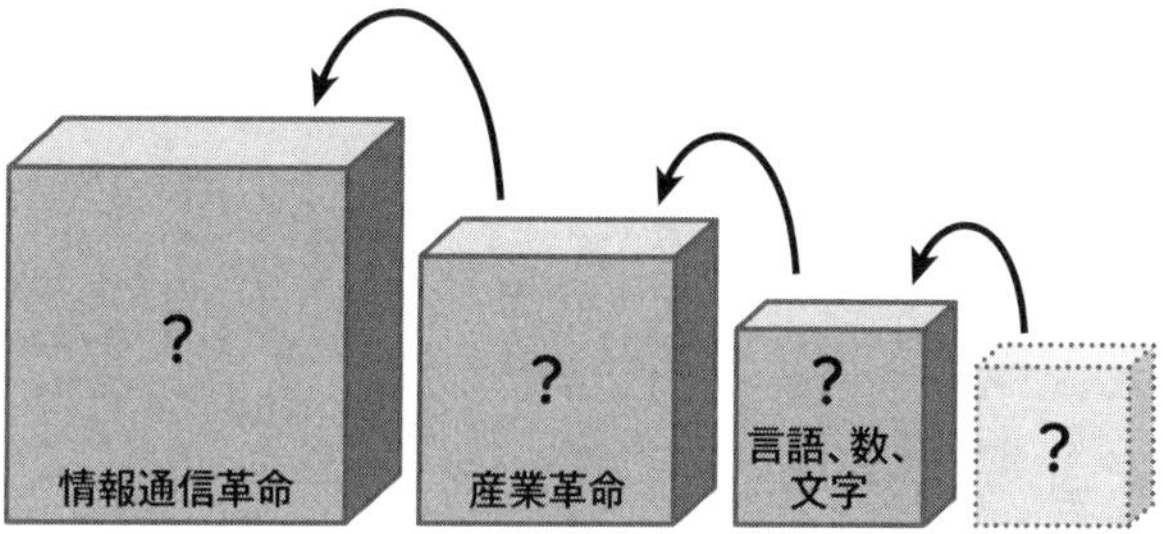

ブラックボックスのなかには、不可視化されたかたちで別のブラックボックスが畳み込まれている

することはできても、そのなかに身を置くことのできない世界です。産業革命はそれ以前の世界をいわばまるごとブラックボックスに収めてしまったのです。

産業革命同様のインパクトを、二〇世紀後半のコンピューター、インターネット、モバイルのそれぞれの革命に認めることができるでしょう。いまやわたしたちは、スマホやネットやコンピューターのない世界のことを想像することはできても、そこに立ち返ることはできません。同じように産業革命以前を生きた人々も、彼らが当たり前に使用していた言語が生まれる前の世界を想像はできても、いきいきと知覚することはできなかったでしょう。言語のない世界と言語のある世界をつないでいたのは語り部たちでした。語り部たちはいわば生きた書物、すなわち原初のブラックボックスでした。語りによって聞き手のなかに想像の過去を呼びおこし、そこにはもう存在しない世界を浮かび上がらせる語り部たち。その能力は現代を生きるわたしたちにも受け継がれています。この章では、人間というブラックボックスを分析した哲学者たちの思索をひもといていきます。

目の前にないリンゴをなぜ想起できるのか

最初に取り上げたいのは、一八世紀のイギリスに生きた哲学者デビッド・ヒュームです。彼の同時代人にはドイツの哲学者イマヌエル・カント、イギリスの経済学者アダム・スミス、フランスの啓蒙《けいもう》思想家ヴォルテール、ドゥニ・ディドロ、ジャン＝ジャック・ルソーらがいます。

ヒュームはイギリス経験論哲学を代表する人物のひとりで、主著のひとつ『人間本性論』（『人性論』とも訳される。以下、『人性論』土岐邦夫・小西嘉四郎訳より）で、人間の知覚は印象と観念のふたつに大別される、と述べています。

ヒュームの言葉のつかい方は少し特殊で、印象と観念の区別はそれらの知覚の「勢い」にある、としています。勢いが強いほうが印象であり、勢いの弱いほうが観念です。たとえば果物のリンゴを目にしているとき、勢いをもって目に知覚されるその赤い色が印象で、「これは果

ヒュームの知覚（印象と観念）

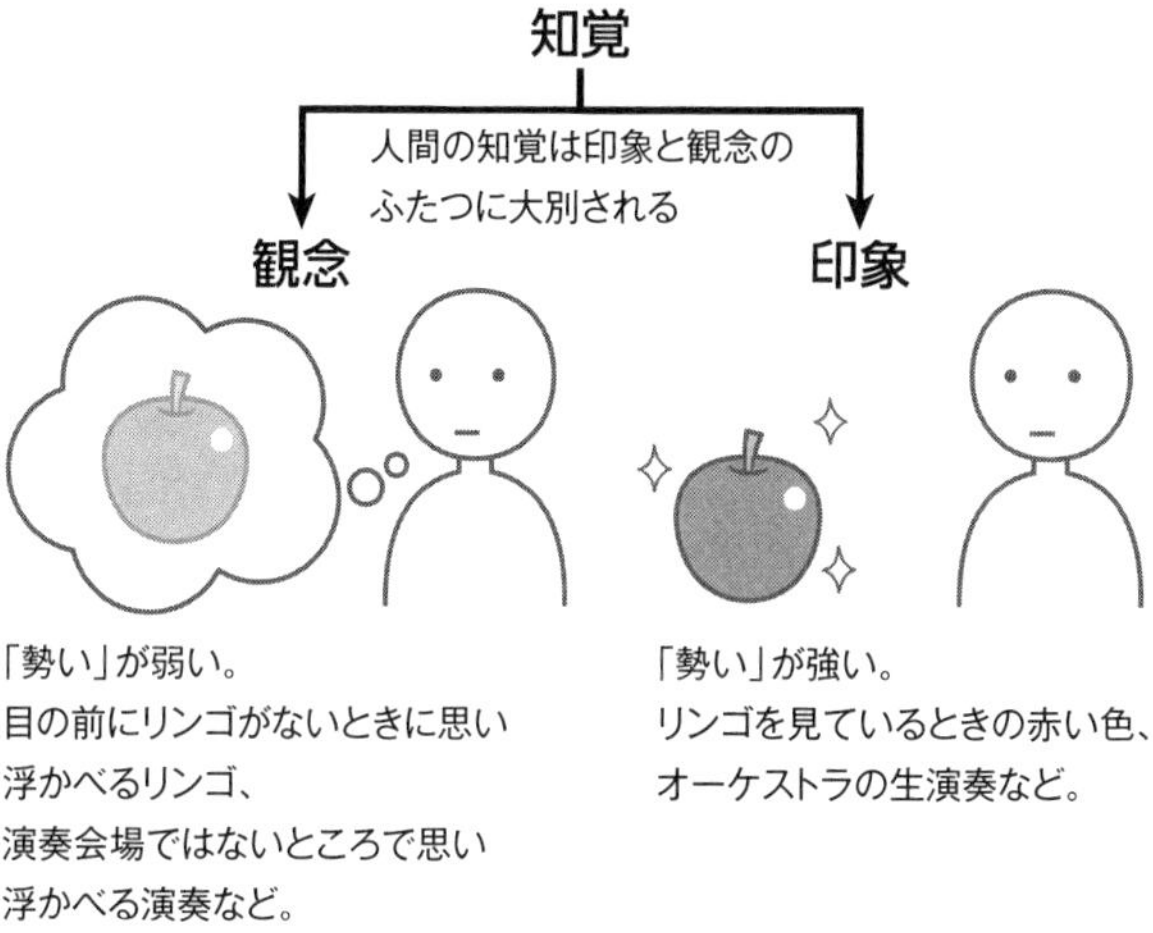
知覚
人間の知覚は印象と観念のふたつに大別される
観念
印象
「勢い」が弱い。
目の前にリンゴがないときに思い浮かべるリンゴ、
演奏会場ではないところで思い浮かべる演奏など。
「勢い」が強い。
リンゴを見ているときの赤い色、
オーケストラの生演奏など。

物のリンゴだ」と思い浮かぶのが観念ということになります。

　またヒュームは、「心に初めて現われるときの感覚、情念、感動のすべて」を印象と呼ぶ、としています。しかし同時に、知覚は印象と観念との二重のあらわれをもっており、観念が印象の再現としてのちにあらわれることがあるともいっています。目の前にリンゴがないとき、つまりその赤い色も手触りも、輪郭もないときですら、リンゴにふれたことのある人であればリンゴを観念として思い浮かべることができるのは、観念が印象の再現として機能するからです。

　ヒュームは印象と観念という二重性をも

った知覚が無数に集まり束になったものが人間である、と考えています。「印象impression」とは文字どおり印刷で「プレスpress」するように押しつけられたもののこと、そして観念はその二重写し、複写物ということになります。浮世絵や木版印刷では、初刷りがもっとも鮮明で、版を重ねるうちに木版が摩滅して質が下がっていきます。このときの鮮明な初刷りが印象で、そのあとで同じ版木をもちいて増刷される不鮮明な絵や文字が観念ということになるでしょうか。ともあれヒュームは無自覚のうちに、人間を印刷物の束つまり「書籍」のようなものとして描写しているのです。

ヒューム、カント、プラトン――それぞれの「観念」

ヒュームはイギリス人なので『人間本性論』は英語で執筆されました。英語の「観念idea」とは、プラトンの用語として神秘的な含意とともに論じられたイデアのことです。しかしヒュームの観念は、プラトンが展開したイデア論とまっこうから対立します。

プラトンはまず天上界にイデアがあり、地上の事物はその不完全な似姿に過ぎないと主張していました。真の事物としてのイデアを人間は知覚することができず、人間が認識できるすべての物体は不完全であるというのがプラトンの主張です。ヒュームはこれを反転させ、人間は知覚（印象と観念）によって世界を認識しており、観念はその知覚の弱い反復に過ぎないとしたのです。

ヒュームは『人間本性論』で印象と観念の区別を試みる際に、「心像 image」という概念を「知覚 perception」とほぼ同義に使用しています。イメージとは何か、ということについて哲学では長い論争の歴史があります。日本語でも image は心的イメージ、心象、映像などさまざまに訳され、漢字一文字で「像」と書かれることもあります。仏像、彫像、塑像、写像、映像などにつかわれるこの字が意味するのは、神や仏、そのほかのさまざまなものに似せてつくられたもののことです。ヒュームにとっての観念は印象の再現ですが、プラトンはその逆、つまり現実の事物が観念の似姿であるとしていました。

ヒュームの認識論をさらにおしすすめたカントは、『純粋理性批判』で、人間の感性が何かを知覚しても、その対象「そのもの」いわゆる「モノ自体」には届かないと考えました。

カントによれば、わたしたちはさまざまなモノをみたり触ったりして知覚することができる（「感性」の働き）のですが、そのような感性での知覚によってとらえることができるのは現象のみであり、そのモノ自体をとらえることはできません。カントの哲学はこのように現象と「モノ自体」を区別したことが特徴です。ヒュームやそれ以前の哲学者は経験を分析することはあっても、その経験を俯瞰《ふかん》し、現象と感性とモノ自体とを分けることはありませんでした。

プラトンがイデア界（観念）と現実界を分断したように、カントは「モノ自体」と現象を分断しました。ヒュームは、これらの分断を印象と観念という強い知覚と弱い知覚、つまり知覚の強弱の違いとしてとらえていました。言い換えるならば、ヒュームにおける観念は「弱まった印象」なのです。

人間は印字された「ページの束」である

ところでさきほど「像 image」はイメージであり似姿のことだと説明しました。image には心象という訳語もあてられ、心象風景というような言葉もあります。この「象」という字は何なのでしょうか（そういえばカントがモノ自体と区別した「現象」という語にも「象」は含まれています）。あの鼻の長い動物の名としてももちいられる「象」はもともと、「もののかたち」「目にみえるかたち」およびそれを「かたちづくる・かたどる」ことを指す字でした。森羅万象や気象、現象などの語では「もののかたち」の意味で、象形文字や象徴では「かたちづくる・かたどる」の意味でつかわれています。

なお「印象」という語は二〇世紀初頭の日本の思想家、中江兆民の文章で「何かの像を印すること」として、「印象する」という動詞形としてもつかわれています。これは、ハンコそのものを指す「印章」とほぼ同じつかわれ方です。

ここからヒュームの認識論を読み直すならば、人間の認識は「何かの像を印すること」つまり印象と、その弱い反復としての観念が二重写しになった知覚の束だということになります。ヒュームの認識論がもし妥当なのだとすれば、書物をつくり出してきた人間自身が、経験のひとつひとつによってかたちづくられた記号を印象された「ページの束」であるということができるでしょう。物知りな人を指して「歩く辞書」だとか「生き字引」と呼ぶことなどを思い浮かべると、それはわかりやすいかもしれません。

言語なしでは人は世界を認識できない

カントは、みずからの哲学的方法を指して「コペルニクス的転回」と呼びました。コペルニクスは不動の大地に対して天球が回転しているとされた天動説を否定し、太陽を中心に地球が回転しているという地動説を主張しました。カントにとって彼以前の哲学は、不変の「対象」に依拠して認識がなされる天動説のようなものでした。カントが目指した哲学はそれとは正反対の、認識を基準にして対象を語るものだったのです。

この姿勢をさらに徹底して引き継ぐのが、のちのフッサールやハイデガーに代表される二〇世紀の現象学です。そこではさらに「言語論的転回」と呼ばれるものがおきています。人が何かを認識する際には言語がもちいられるため、認識論の探究のためには言語についての理解が必要であるという考え方です。

カントはその認識論の基礎に「モノ自体」という、知覚によってはとらえられない「何か」を設定しました。そのうえでそれを認識しようとする感性、さらにはその認識について考える理性などについて考えようとしました。しかしそんなカントですら、たとえばリンゴをみたときにその赤さや、ほかのリンゴ、ほかの果物、果物以外の事物との比較なしにリンゴをとらえることはできません。必ず言語による認識が必要になるのです。

この言語論的転回、つまり言語なしでは人は認識をすることができないという考え方は、端的にいってわたしたちの直感に反します。しかし、それに先立つコペルニクス的転回も直感には反していました。大地は地震でもない限り動かず、太陽や月のほうが東から昇って西の地平線に沈んでいくようにみえます。しかしその太陽や月、その他の星々の運行を観察し、その法則性を緻密に理論化していくと、じつは太陽の周りを地球こそが回っていることがわかります。

プラトンのイデア論や、カントの「モノ自体」など、哲学においても人間の直感に反する理論は珍しくありません。世の中には「自分の目でみたものしか信じない」という人がたくさんいますが、「目でみたもの」つまり知覚は往々にして誤ります。教育や啓蒙だけでなく、洗脳や暗示によってさえ、人間の世界観は多様になっていきます。「自分の目でみたもの」だけを信じるというのは、一見したところ慎重な態度であるようですが、巧妙に仕組まれた環境では案外ころっと騙《だま》されてしまう危険性を孕《はら》んでいるのです。

記号、象徴、文字

言語論的転回は、スイス生まれの言語学者フェルディナン・ド・ソシュールの思想に起源があります。

ソシュールの理論では、たとえばriverという文字列とその読みの音声が「シニフィアンsignifiant」と呼ばれ、riverという文字列とその読みの音声で意味されるもの、つまり「川」が「シニフィエsignifié」と呼ばれます。シニフィアンとシニフィエは、フランス語動詞signifier（「意味する、表す、指し示す」の意）の、それぞれ現在分詞形signifiantと過去分詞形signifiéです。英語にすれば動詞がsignify、現在分詞形はsignifying、過去分詞形がsignifiedとなります。

「AがBを意味する」を英語で書けば「A signify B」となります（三人称現在形単数のsをつけてsignifiesとするのが正確ですが、簡潔に表現するためにあえて文法的には不正確な表記をしています）。現在分詞signifyingをつかえば「A is signifying B」となり「AがBを意味している」、過去分詞をつかえば「B is signified by A」となり「BがAに意味される」になります。

riverの例でいえば、「riverという文字列とその読みの音声」は「riverというもの」を「意味しているsignifying（signifiant）」し、「riverというもの」は「riverという文字列とその読みの音声」に「意味されているsignified（signifié）」わけです。

たとえば「リンゴ」という言葉は、そのまま「リンゴ」という音声や文字列による呼び方と、その呼び方で指し示されるイメージとに分析できます。ここで重要なのは、ソシュールがカントのように、「リンゴそのもの」のような「モノ自体」があるというようなことは語っていないということです。リンゴという言葉を知っている人がリンゴをみたときに思い浮かべるのが「リンゴのイメージ」であり、そのイメージを呼ぶときにつかわれるのが「リンゴ」という呼び方というわけです。

言語学にとって重要なのは、この呼び方とイメージの結びつきに確固とした理由が存在しないということです。したがって、英語ではapple、フランス語ではpomme、ドイツ語では

Apfelという呼び方の違いが生じます。あるイメージにどのような呼び方が組みあわされるのかは、それぞれの言語の文脈に依存します。そしてこの考え方は、いわゆる言語にとどまらない記号論として研究されていくことになります。

文字とは何か

さて、こうした言語論的転回を踏まえたとき、あらためて「文字」とは何でしょうか。ソシュールによれば「文字」とは、「話し言葉parole」とともに言語を構成する要素です。たとえば英語のriverという語には、水の流れる場所のイメージと、「riverという文字列」が示す読み方とが組みあわされているということになります。

ところで、ソシュールの理論のややこしさのひとつに、それぞれの言葉の文字列とその読み方、つまりシニフィアンを「音イメージ」と呼び、それに意味されるもの、つまりシニフィエを「概念」と呼んでいることがあります。

しかもこの理論は、英語やフランス語などアルファベットという表音文字をつかう言語ではそのまま適用できるのですが、漢字という象形文字的な側面をもつ文字をもちいる日本語のような言語体系の場合、簡単には適用できません。文字がイメージと読み方の両方を帯びる場合があるからです。日本語の「川」という語には、水の流れる様子をイメージした文字のかたちと、「カワ」という読み方が組みあわされています。

このことはしかし、ソシュールがシニフィアンを「音イメージ」と呼んだことを理解しやすくするようにも思われます。「川」という文字列すなわちシニフィエは、その読み（カワ）の音声とセットで「川の概念」を指し示している、ということになります。

ここでふたたびヒュームがいった「知覚とは、印象と観念に大別される」を思い出しましょう。川という言葉について思い浮かべるとき、川という文字列とその読み方の音声も、その意味するところの川も、観念に過ぎません。川の印象は、実際の川のそばでしか得られません。

しかし言語論的転回を経てみると、「実際の川」の印象は、「川の観念」なしに得ることができないことがわかります。なぜなら川の観念がなければ、それが川であることがわからないからです（小説などで実在しない川が描写されるような場合に、文字列のみで印象をうけることもあるのですが、それについてはここでは立ち入りません）。

重要なのは、ヒュームの理論では知覚において印象と観念とが二重写しになっていたこと、ソシュールの理論ではシニフィアンとシニフィエがセットになっているということです。人間の知覚においては、ヒュームの印象と観念がたがいにたがいを写しあい、ソシュールのシニフィアンとシニフィエがたがいにたがいを写しあって、何かのイメージが保持されています。

ラカンの「現実界」「象徴界」「想像界」

さらに時代が下ると、二〇世紀後半のフランスを代表する思想家として、精神分析家のジャック・ラカンという人物がいます。時期によってラカンの理論は変遷するのですが、ある時期のラカンは人間の精神を réel、symbolique、imaginaire すなわち「現実界、象徴界、想像界」からなると説明していました。

ラカンの精神分析理論は難解ですが、以下にごく簡単に解説します。

現実界はカントが提示した「モノ自体」を含み、知覚によって到達することはできません。また象徴界はそれ自身がもつ独自の秩序によって成立しています。想像界は、象徴界とは異なり秩序をもたない混沌《こんとん》です。これらは日本語でそれぞれ「〜界」と翻訳されているため、たとえば réel、symbolique、imaginaire のそれぞれのあいだに境界があるかのように考えてしまいがちですが、ラカンが考えていたのはそれぞれがたがいに絡みあう状態です。一般に、それぞれの頭文字をとってこれをＲＳＩと表記します。

ラカンはこのＲＳＩを、人間が人間になっていく発育過程に適用して説明しました。生まれたばかりの赤子は母と想像的に一体化しているので想像界しかもたないが、いつまでも母親と同一化しているわけにはいかない。なぜならば母は父と結婚しており、母は父を求めているという象徴界の秩序が、やがて母子の同一化を切断する、というわけです。赤子は現実界に出産され、そこで生きているわけですが、カントが「モノ自体」への到達を断念したように、どんな人であっても現実界を直接に知覚することはできません。

この説明は、精神分析学の開祖ジグムント・フロイトの母と父と子という核家族をモデルにした理論に依拠しており、ラカンもやはり彼のジェンダー観に引きずられています。ただし二〇世紀を生きたラカンは、この説明にある「母」や「父」の性的役割について、あくまで説明の便宜のためのものであって「そうあるべき」といいたいわけではないと語っています。したがって、より抽象的にはなりますが、ここでは「母」を庇護者《ひごしゃ》、「父」を庇護者にとっての社会的他者と言い換えるほうが妥当でしょう。

さて、現実界の説明にカントの「モノ自体」を援用したように、ヒュームの「印象」と「観念」という考え方をラカンのRSIに導入するとどうなるでしょうか。

まず観念は、すでにふれたとおりimageです。imaginaireすなわち想像界のことだといえます。ヒュームは「モノ自体」を想定していなかったので、印象に該当するのはsymbolique

つまり象徴界ということになります。

象徴、記号、トークン

ところで「象徴」とは何でしょうか。記号 sign と象徴 symbol という言葉は、辞書的には次のように説明されます。記号は対象物を表現したもの一般、とりわけその対象との対応関係が偶然だったり恣意的なものを指し、象徴は対象物を表現したもの一般の、そのなかでもとりわけ対象物との対応関係が必然的なものを指します。たとえば「魚はキリスト教圏ではキリストの象徴だ」という場合、「魚」という記号は、対象物としてはサケやメダカ、リュウグウノツカイなど魚類一般を指しています。

象徴も記号の一種であり、対象物を不可視化（ブラックボックス化）しているのですが、対応関係が必然的であるため、その限りで「ブラックボックスの蓋《ふた》が開いている」といえます。ひとまずこのように説明できるのですが、記号と象徴の定義はじつは定まっておらず、辞書によっても説明はブレを含みます。

記号 sign という語はラテン語の signum に由来し、象徴という意味も含まれています。signum という語には同時に英語でいうトークン token、つまり「指し示す」という意味も含まれていました。古代メソポタミアで数字（文字）が生まれる前に、数をトークンで指し示していたことを思い出してください。お金の原初の姿はトークンでした。そしてこのトークンの記号性は、多様な集合から数だけを取り出して指し示し、その際に対象物の集合がもっていた多様性を不可視化していました。

さらにもうひとつ、signum には彫像、形象という意味も含まれています。形象は英語では figure とも書きますが、この語は輪郭のはっきりした形、形態、姿、画像、図形などの意味をもちます。「印象」と「象徴」という日本語の単語に含まれる「象（像）」は、この彫像や形象の意味だととらえれば、あながち偶然の一致ではないと考えることもできます。

そう考えれば、ヒュームの定義による「知覚」に含まれていた「印象 impression」が、対象物を押しつけて（press）、その形象（figure）が残されたものだということも、すっきりと理解できるはずです。

3・2　現代思想はブラックボックスをどう扱ってきたか

前科持ちの哲学者スティグレール

ヒュームの認識論、カントの観念論、フッサールの現象学、ソシュールの言語学やそれ以降の記号論を発展的に継承したのがドイツの哲学者マルティン・ハイデガーと、フランスの哲学者ジャック・デリダです。そのデリダの薫陶をうけて活躍していたベルナール・スティグレールという人物がいます（二〇二〇年八月に死去）。

一九五二年生まれのスティグレールは、高校を中退して始めたジャズ喫茶の資金繰りに困った挙句に武装して銀行強盗を働き逮捕され、一九七〇年代から一九八〇年代にかけて数年を刑務所で過ごしたという経歴をもつ異色の哲学者でした。獄中で哲学を学びはじめ、出所後にデリダの指導で論文を書き上げて哲学者としてのキャリアをスタートさせています。

スティグレールはさまざまな独自概念をもちいて自説を展開しました。その独自概念のひとつが「第三次過去把持」です。この概念は直感的にわかりづらいかもしれません。「過去把持」

とはフッサールの主要概念のひとつRetentionからとられています。「ふたたび」という意味の接頭辞re-と、「しっかりもつ、つかむ」という意味のラテン語tenēōに由来する言葉です。

フッサールは音楽のメロディを把握する現象を例に出してこのRetentionを説明しています。通常、音とその音程は、ひとつひとつ独立して聞く場合には単なる音や音程として聞き取られます。これに対して、メロディとは連続した音の連なり、音程の変化です。つまりいくつかの音を聞いてメロディを認識するためには、人はある音を聞いたときに直前の過去の音と結びつけなければなりません。フッサールはこの直前の音を覚えていることを指してRetentionと呼びました。ヒュームの認識論と比較した場合、知覚を構成する印象と観念のうちの前者、つまり印象がこれにあたるでしょう。

フッサールはさらに、いままさにメロディを聞いているときの知覚のなかに保存されているものを第一次過去把持、そしてメロディを聞いていないときにも保存されているものを第二次過去把持と呼び、区別しました。

スティグレールのいう第三次過去把持とはこれらの先にある、音楽を録音して繰り返し聞くことを可能にするレコードのような、いわゆる外部記憶の機能のことです。フッサールが人間の内的な知覚についてもちいたRetentionという概念を、スティグレールは人間の身体《からだ》の外に

スティグレールの第三次過去把持

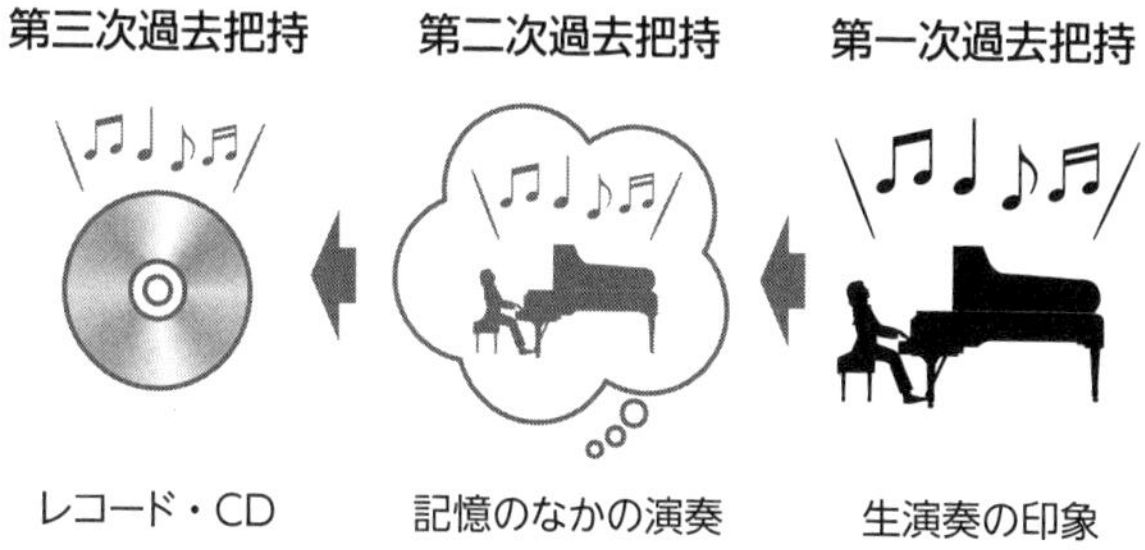

フッサールがもちいた把持（Retention）という概念を、スティグレールは人間の身体の外にある装置にまで拡張した。

ある装置にまで拡張したことになります。この第三次過去把持によって人類は世代を超えて記憶を継承することが可能になった、とスティグレールは考えました。

　スティグレールによれば、文字を記録する文書もまた人間の身体の外にある装置という意味で第三次過去把持の機能をもっています。そもそも人間は言葉によるコミュニケーションによって情報をたがいに伝達しあってきたのですから、ある人にとってコミュニケーションの相手は自分の身体の外にある記憶媒体であると考えることもできるでしょう。そう考えるとき、言葉を介してコミュニケーションをする相手の存在もまた第三次過去把持の機能をもつといえます。

　本論の文脈にひきつけて考えるならば、第三次過去把持は情報の内実を不可視化するブラックボックスの機能を指すものとして理解できます。書物と貨幣にまつわる技術の発展の歴史は、すなわち第三次過去把持の機能が複雑化していく過程だったといえるでしょう。ひとりひとりの人間がブラックボックスであり、ほかの人間にとっての第三次過去把持であるなら、つまり書物と貨幣の歴史とは、「人間という第三次過去把持たち」が「書物や貨幣というさまざまな第三次過去把持」を発展させていく過程なのです。

フッサールの幾何学と真理

晩年近くに書いた『幾何学の起源』という文章でフッサールは、現在「幾何学」と呼ばれている学問の体系を論じています。

「三平方の定理」の別名に名前を残している古代ギリシャの哲学者ピタゴラスが仮に、この定理を発見していなかったとしたら現在の幾何学はどうなっていたでしょうか。ほかの誰かがこの定理を発見していた可能性もあります。実際、この定理をピタゴラスが発見したことは立証されていません。三平方の定理を成り立たせる数のセット（たとえば三、四、五。ピタゴラス数ともいう）の存在はピタゴラス以前の古代バビロニアや古代エジプトでも知られていました。仮にピタゴラスが人類史に登場していなかったとしても、古代バビロニアや古代エジプトの知見から三平方の定理を「発見」して歴史に名を残す人はほかにいただろうと考えられます。

三平方の定理（ピタゴラスの定理）

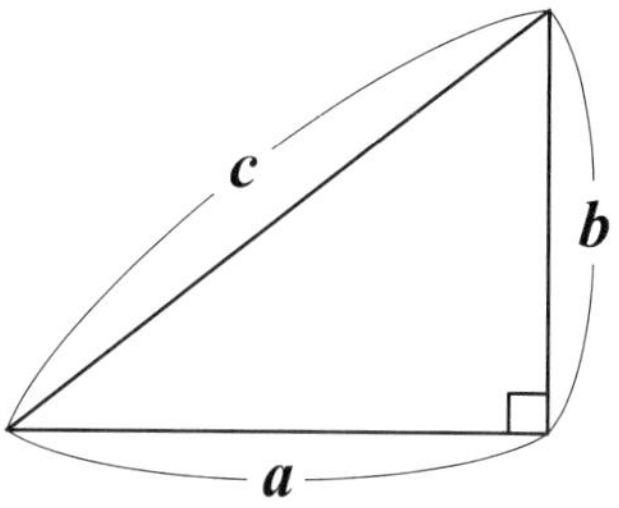

誰かによって発見された真理は、具体性や個別性を捨象（不可視化）され第三次過去把持として後世に伝達されていく。

ピタゴラスの定理やそれに類する知見は、場所や時代に束縛されず、特定の天才が思いつくものではない、いつか誰かが発見するような普遍的な「真理」です。しかし実際にはピタゴラスなり誰かがどこかで発見するということが、この体系が真理とされるためには不可欠でした。ある地域の誰かが発見したからこそ、幾何学は幾何学として、古代から連綿と継続されることになったのです。

フッサールは、ある人がある現象にどのように向きあうかを深く考察する「現象学」という学問を創始した哲学者です。彼は個人的な現象との向きあい方を理解する際にも普遍的な「真理」が欠かせないことをよく理解していました。そんなフッサールが普遍的な真理の体系の例として論じたのが幾何学でした。誰にとってても真理であるようなことであっても、それはほかでもないある誰かひとりによって発見されたということ、この瞬間こそがフッサールが想像した「幾何学の起源」なのでした。

この「起源」の瞬間においては、真理を発見したという印象と、発見された真理の観念とはぴったりと一致しています。ヒュームも書いていたとおり、ある印象は常に観念と「二重写し」にされるからです。そしてその発見が第三次過去把持、つまり言語（数式）によって保存されることによって、たとえば数千年前に生み出されたピタゴラスの定理が真理であることを、数千年後に生きるわたしたちの誰でもが追体験できるのです。数式という、パッとみただけでは何を示しているのかわからない言語が不可視化しているものは、かつてはある特定の誰かにより発見され、把持されてきた真理だということができます。

フッサールの『幾何学の起源』をドイツ語からフランス語に翻訳したのがジャック・デリダという哲学者です。たびたびの挫折を経験しながら、デリダはこの翻訳に付した序文で思想家としてデビューします。フッサールの本文のおよそ三倍の分量におよぶこの序文でデリダは、フッサールが論じた「起源」は、誰かが文字で記すということ、それが体系化して幾何学という学問を形成したことを執拗《しつよう》なまでに指摘しています。

幾何学の言語（数式）を読み解いた瞬間に、まさにその「起源」の瞬間をわたしたちは追体験できるが、その瞬間の追体験のためには数千年にわたって幾何学が蓄積してきた膨大な言語の連なりが必要となる。デリダはそのことにあらためて読者の注意を向けようとしたのでした。

ハイデガーにとっての技術

フッサールは現象学によってそれまでの哲学的伝統のリセットを目論《もくろ》んでいました。その壮大な企ての有力な伴走者かつ助手であり、フッサールがみずからの後継者とみなしていたのがマルティン・ハイデガーです。教授として所属していたフライブルク大学を定年退職するとき、フッサールは自分の後任としてハイデガーを推薦しています。

このころは第二次世界大戦前夜の時代であり、ドイツではユダヤ人排斥を掲げるナチス（NSDAP、国民社会主義ドイツ労働者党）が人気を集め、政権を掌握しようとしていました。ナチス政権の時代にはいると、ユダヤ系だったフッサールはすでに退官していたにもかかわらず教授資格を剝奪され、国外移動を制限されるなど屈辱的な境遇へと追い込まれ、不遇な晩年を過ごすことになります。『幾何学の起源』はこの時期の論考です。

他方で、ナチス政権が発足するよりも前から反ユダヤ主義的な思想をもっていたハイデガーは、ヒトラーが首相に就任した一九三三年にフライブルク大学の総長に選出されています（翌一九三四年に辞任)。またハイデガーは総長に就任したのと同じ一九三三年に、ナチスに入党しました。いったんはナチズムに深く傾斜したハイデガーですが、第二次世界大戦末期には、当時の総長から「教官として不要」と評価されるなど冷遇されます。ドイツ敗戦後、ハイデガーはナチス党員であったことからたびたび責任を追及されることになります。

日本では福島第一原発事故に関連づけてしばしば参照された『技術への問い』という著作は、敗戦後にハイデガーが行なった講演をもとにしています。この講演でハイデガーは、ドイツ語で技術を意味するTechnikという言葉がギリシャ語のテクネーτέχνηに由来していると語ります。テクネーは、職人の技のみならず造形芸術にもつかわれていた言葉でした。またハイデガーはアリストテレスの『ニコマコス倫理学』を引きながら、テクネーが「真理を暴く」ことのひとつであるとも解説しています。ここでいう「真理」とは、ハイデガーにとっては「隠れていないこと」を意味します。

『技術への問い』は講演をもとにした文章なのでとても短いのですが、ハイデガー独特の言葉遣いもあって初読者にはなかなか意味がつかみづらいところがあります。なかでももっとも読者を困惑させるであろう部分は、講演の後半でハイデガーが、「徴用物資」や「ゲシュテル(掻《か》き集め)」という言葉をつかいはじめるあたりです。

ハイデガーにとって技術は真理を顕現させる反面、さまざまなものを掻き集めて（徴用）、真理が覆い隠された状態であるゲシュテルを生み出すものでもあります。ゲシュテル Gestell は、書架を意味するドイツ語のビューヒャーゲシュテル Büchergestell（ビューヒャーは「書物の」という意味）などにつかわれる枠構造の器具を指すほか、人の骸骨という意味もあります。

ゲシュテル Gestell は集めて（Ge-）＋立てる（stell）、という言葉の成り立ちをもっており、ハイデガーは、現代の技術によって自然界も人間も、真理を覆い隠すゲシュテルへと駆り立てられているというのです。本論でここまで「ブラックボックス」と呼んできたものは「ゲシュテル」と言い換えてもいいでしょう。

ハイパーインダストリアル時代のゲシュテル

さて、出獄したスティグレールがデリダを師と仰いで執筆に臨んだ論文のテーマは、こうしたハイデガーの問題意識を受け継いだ「技術の哲学」でした。この論文はのちにスティグレールの主著とされる『技術と時間』シリーズへと展開されることになります。この『技術と時間』というタイトルじたいが、あきらかにハイデガーの主著『存在と時間』を下敷きにしたものです。

スティグレールは、ハイデガーが真理を覆い隠すものとして提唱したゲシュテルの問題に対して、第三次過去把持の概念をもって挑もうとしました。二〇世紀前半の重工業が発展する時代をおもに生きたハイデガーは、工業化社会というゲシュテルを問題にしました。これに対して、スティグレールはいわゆるポスト工業化社会あるいは情報化社会、スティグレール自身の表現をつかえば「ハイパーインダストリアル時代 époque hyperindustrielle」を問題にしていました。

ただしスティグレールも、またスティグレールが参照するデリダやハイデガーやフッサールも、哲学的な概念であると同時に特定の地理的場所でもある「ヨーロッパ」と、ヨーロッパを中心にした「世界」や「歴史」というイメージに強く拘束されています。ハイデガーやフッサールのいう真理およびそれを保存してきた学問体系がヨーロッパで展開されてきたことを考えれば、これは無理もないことです。

現代の技術哲学――ユク・ホイの「宇宙技芸」

そうしたヨーロッパ中心の世界観、歴史観を相対化しようと奮闘しているのが一九八五年香《ホン》港《コン》生まれの哲学者ユク・ホイ（許煜）です。ユク・ホイはスティグレールのもとで学びながら、ハイデガーやスティグレールとは違ったかたちでの世界観や歴史観を提示しようと試みており、その試みを「宇宙技芸」と名付けています。

この名称は、いささか壮大すぎるように感じられるかもしれません。ユク・ホイは「技芸」という語を、ハイデガーにとっての技術 Technik というドイツ語や、その由来であるギリシャ語テクネー τέχνη を相対化させるために使用していると思われます。「τέχνη から Technik」というハイデガー的なヨーロッパ的歴史観とは別の、「τέχνη から技芸」という非ヨーロッパ的歴史観、あるいはヨーロッパ的な歴史観以降（ポストヨーロッパ的な歴史観）とともに可能な哲学を模索しているのです。

地球といういち天体のうえの特定の地域に過ぎないヨーロッパではなく、そしておそらくみずからの出身地である中国という地域にも限定されない「技芸」の哲学を考えるとなれば、地球という惑星規模、さらにはほかの星をも包括する「宇宙」という語がその哲学に冠される理由も理解できるのではないでしょうか。

ユク・ホイは既刊の『中国における技術への問い』とその三年後に書かれた補足的位置づけの『再帰性と偶然性』の二冊の著作（ともに未邦訳）ののち、日本の思想系出版社ゲンロンの求めに応じて論文「芸術と宇宙技芸」を執筆し、雑誌「ゲンロン」に連載しています。

この「芸術と宇宙技芸」のなかで、ユク・ホイはハイデガーの『技術への問い』を参照しつつ、ある新しい人間像を描写しています。ハイデガーが『技術への問い』で提示していたのは、自然からさまざまなものを徴用し掻き集める「技術 Technik」へと駆り立てられる人間の姿でした。この近現代的な人間像は、その駆り立てによって自分自身を構成し、ハイデガーがゲシュテル（骸骨）と呼んだ状態に陥りかけています。

これに対してユク・ホイが提示するのは、「技術 Technik」を象徴する各種の計器を操作するような人間像です。現代の技術の最先端に位置づけられる原子力発電所のような場所で、日々その計器を操作して調整する人間の姿を思い浮かべても良いでしょう。

学問としての科学と産業社会から物資や資本を掻き集めて建造される原子力発電所は、そこに掻き集められた知識と金銭、そしてその「掻き集め（ゲシュテル）」によって生産する巨大な電力によって、多くの人たちが現代的な生活を送ることを可能にします。人々は原子力発電が生み出した電力が可能にする生活のなかで、さらに効率的に、さらに「生産的」な「掻き集め」へと駆り立てられていく、これがハイデガーの提示した世界観でした。掻き集めによって骸骨化したハイデガーの近代人のイメージと、ユク・ホイの計器を操作する技術者のイメージとがどのように異なるのかは、今後のユク・ホイの著作であきらかにされていくと思われます。

「計器を操作する技術者」というユク・ホイのモチーフは、いわゆる「三・一一（東日本大震災と福島第一原子力発電所事故）」以降に多くの人たちに意識されることが増え、またSDGs（持続可能な開発目標）が社会的な課題として取り組まれることによっても多くの人が意識するようになった、より切実な緊張感をともなう人間と技術との関係性を象徴しています。大量破壊や種としてのヒトの存続不可能性をも視野に入れて技術と向きあうということは、ユク・ホイのように先見性のある人であれば、さまざまな技術の発展から思い描けるものです。しかし多くの人は、大きな事件や権威ある団体からの標語として直面しなければ忘れてしまいがち、いや、思い当たりもしないのです。

ユク・ホイの提示する「計器を操作する技術者」とは、危険（原子力発電所）のただなかにいながら、その危険を忘れることもできるし、いつでもその危険を「まっさきに自分が被害に遭う」ものとして思い描くことができる立場にあることを現代の人々に突きつけるものなのです。

あらたな「哲学史」を構想する

スティグレールはハイデガーの提示したゲシュテル的世界観が、第三次過去把持的な技術の加速によってどのような問題へと展開するのかを思考しました。それに対してユク・ホイは、原子力発電所をつくる人でもなく、また原子力発電所によって生活を加速させられる人でもなく、そのなかで働く人に注目しようとします。そこでキーワードになるのは「操作」という概念です。これは現代的な技術をつくる人でもなく、またその技術を無批判に利用する人でもなく、まさにその技術を暴走しないように制御し、その制御に失敗すればまっさきにその脅威にさらされる存在を指しています。

すでに述べたように、ハイデガーの論じた「ゲシュテル」やスティグレールの論じた「第三次過去把持」は、本論で主題としてきた「ブラックボックス」と同じものです。今後、ユク・ホイが論じようとしている「宇宙技芸」も、おそらくブラックボックスに関する議論になることが予想されます。

知識を保管しやすく、また検索しやすくするために粘土板は巻物にその役割を譲り渡し、やがて冊子本が生まれ、それらは図書館や書棚に保管されました。かつて情報の運搬は、玄奘《げんじよう》やマルコ・ポーロ、イブン・バトゥータのような旅人によって担われていましたが、いまやコンピューターの開発とその発展の結果、人間が直接に「読む」ことのできないデータがサーバーに保管され、世界を覆う通信網によって高速で伝達されています。電子的な技術、紙とインクによる印刷技術、それらを大量に生産する産業化の過程、産業を可能にする会社や金融のシステム――これらのブラックボックスは近代から現代にいたるまでのわたしたちの環境をつくり出してきただけでなく、今後の環境をも発展させていくでしょう。

本論の前半で辿《たど》った、新しい技術によって古いブラックボックスが不可視化され、入れ子構造が複雑化していく過程は、ブラックボックスが原初の姿から複雑化によって肥大化していく、その歴史だったといっていいでしょう。言葉とその言葉が指し示す対象物、そして知覚における印象と観念の二重写しの対象関係に、こうした一連のブラックボックスの原初の姿を見出《みいだ》すことができるのです。

ブラックボックスを「操作」する

ユク・ホイは、その思索のなかでたびたび reappropriate という概念を使用しています。reappropriate は、盗用を意味する appropriate に、「ふたたび」という意味を付与する接頭辞「re-」を冠した言葉です。

appropriate には「文化盗用（cultural appropriation）」のような糾弾的使用法もありますが、ヒップホップやテクノミュージックやポップアートにおけるサンプリングのように、ポジティブなニュアンスとともに「我有化」と訳されることもあります。「我有化」は appropriate の語源を踏まえた手堅い日本語訳ですが、日常言語から離れてしまうのでとっつきにくい感じがするかもしれません。かといって「盗用」には、誰かの所有物を不当に得るという違法性が問われる感じがあり、訳語として妥当ではないように思えます。また歴史的な、しかも文明間、国家間の出来事を指して、それが盗用か否かを問うのはどちらの法のもとで裁くのかという不毛な議論になる危険性もあります。

ここで問題にしたいのはその適法性ではなく、「自分のものにする」という appropriate のもともとの意味に「re-」という接頭辞をつけた語にユク・ホイがなぜ着目したのかということです。かつて中国文化圏は、世界最大の文明圏であり、人類史上の四大発明（羅針盤、印刷術、火薬、紙）といわれる技術を生み出しておきながら、産業革命でヨーロッパに後れをとってきました。ユク・ホイが reappropriate というとき、彼の思想的な文脈はさておき、国際的な覇権を中国が「ふたたび自分のものにする」という動向に後押しされていることは間違いないでしょう。

哲学的な思索を安易に個々人の人生訓として読み替えることは避けるべきですが、ユク・ホイの reappropriate や「操作」をあえて人生訓として読み替えるならば、他者や他文明によってすでにブラックボックス化されてしまったものを「自分のものにする appropriate」ために行なう「操作」に自覚的になる、ということではないでしょうか。

さらに言い換えるなら、操作する対象（世界）の謎（ブラックボックス）をあえて完全に理解しようとせず、ブラックボックスはブラックボックスのままに、より良い方向に、あるいはより悪い方向から逸《そ》らすために操作を行なうということです。本論ではこれ以降、個々人の目の高さを離れた巨大なブラックボックスと、それに対峙《たいじ》する等身大の個々人の「操作」とを対比してみていくことになります。

さて、この節で最後に付け加えておきたいのは次のことです。ブラックボックスは当然ながらブラックボックスであり、その中身は不可視化されています。言葉が、その言葉が指し示す対象物の多様性を不可視化するブラックボックスであること、そして知覚においても印象と観念が二重写しでありながらそこに「勢い」の強弱という差異を含んでいること。これによって、情報技術が発達するほどに、ブラックボックスの外観と内実のズレが激しくなっていくことになります。

最近話題になることの増えたポストトゥルースやフェイクニュースは、このブラックボックスの外観と内実のズレの機能によるものです。何より、文学をはじめとするあらゆるフィクションは、このブラックボックスが生み出すズレを活用しているのです。

3・3　価値とシミュラークル

『資本論』における時間

思想家で経済学者のカール・マルクスは『資本論』を、商品と貨幣について語ることから開始しています。産業革命のただなか、近代文明が爛熟《らんじゆく》しつつあった一九世紀を生きたマルクスによれば、商品の価値は、その生産にかけられた労働者の時間によって決まります。これを「労働価値論」といいます。さらにマルクスは、この労働価値とは別に、その商品をつかう「使用価値」と、交換の際に生じる「交換価値」とがあると考えました。

『資本論』の冒頭では、亜麻布（リネン）と、それを加工した上着の価値が比較されています。リネンは上着に加工されていないので、同じ重さであれば加工の労働分だけ上着の価値は高くなる（労働価値）。しかしリネンと上着の使用価値はまったく別であり、上着に加工する原料としての使用ができるだけのリネンに対して、上着はそれをすぐに着用して暖をとれるという使用価値があります。

価値の3つのとらえ方

交換価値

ある商品をほかの商品と交換するときに、それぞれの商品がたがいを評価する価値。

使用価値

ある商品をつかったときに得られる効果を換算したもの。
（例：リネンの暖かさ、上着の便利さ）

労働価値

ある商品を得る（つくる、運ぶ、保存する、など）ために必要とされる労働を換算したもの。
（例：リネンから上着を製造するのに要する労働時間）

マルクスは消費と貨幣をめぐる議論のなかで、使用価値と交換価値のほかに、労働時間に基づく労働価値を想定しようとした。

交換価値は常に変動する価格によって端的に示されます。欲しがる人がいるのに供給が間に合わないほど希少であれば価格は高騰し、逆に欲しがる人がほぼいないのに大量にあふれていれば価格は下がります。

　商品を生み出すためにかけられた労働時間による価値と、その商品の使用価値や交換価値をまとめて表示し、交換を円滑に行なうための手段として貨幣がある、というのが『資本論』でのマルクスの考え方でした。ここで注意したいのは、マルクスが問題にしたのが労働時間であったということ。つまり人々が人生のなかのどれだけの「時間」を労働に割いたかに着目したということです。

現実には、商品が貨幣と関係する「価格」に労働時間や使用価値がストレートに反映されることは稀《まれ》です。マルクスの思考実験で想定される局所的な交換は極限状態でしかなく、一般には交換価値だけが問題とされます。どんなに製造に労働者が時間をかけたとしても、商品の価格は市場の需要と供給のバランスで定まるからです。しかも市場の現実をより厳密に考えるならば、物価はたえず変動し、需要と供給も日々変わるので、何をもってバランスしたとするかは一概にはいえません。

マルクスの理論の特徴は、このようにとらえがたい商品と価格の関係に人間の労働とそれに関わる時間という尺度を導入しようと試みたところにあります。

ジンメルの貨幣論

一九世紀後半から二〇世紀初頭にかけての社会学者ゲオルク・ジンメルは、次のように書いています。

たとえばある土地を換金すると、人は一方では解放感を得る。換金前には対象の価値が土地というひとつの形に縛られていたのにたいして、いまや金の助けを借りて、その対象の価値を変幻自在に鋳造しなおすことができるからだ。換金前には対象を維持、利用するためのもろもろの条件に縛りつけられていたのが、金をポケットに入れたとたんに私たちは自由になる。

しかし、ほかならぬこの自由がどれほどしばしば生活の無内容さや生活実質の弱体化を意味していたことか。農民の賦役を貨幣で代納することを定めた前世紀の法律が同時に、農民から強制的に農地を買い上げることを領主に禁じていたのは、まさにこの理由による。一見すると、領主が農民から適正価格で農民の農地にたいする権利を（その農地を領地に編入するために）買いとったとしても、あながち農民にたいする不当行為とは言えないように見える。

しかしその土地には、農民にとってはたんなる資産価値という以上のまったく何か別のものが隠れひそんでいた。それは農民にとっては、有益な活動の可能性であり、関心の中心であり、人生の指針を定める生活の内実だった。そして農民がその土地の代わりにその価値を貨幣で所有しはじめた途端、それらのものは失われていった。

（「近代文化における貨幣」鈴木直訳）

ジンメルはこの箇所で、土地を売り払う場面、すなわち土地を売り払って得た貨幣を所有することを問題にしています。土地を売り払うことでその土地を所有していた農民が「資産価値という以上のまったく何か別のもの」を手放し、失ってしまうとすると、それはいったい何なのかということです。

ジンメルのいう「有益な活動の可能性であり、関心の中心であり、人生の指針を定める生活の内実」は、その土地を売り払うことで手に入れる貨幣では代替できないものです（代替不可能でありながら、貨幣と自由によって交換可能な何かでもあったともいえるでしょう）。

本論のこれまでの議論にひきつけるならば、貨幣と自由は、農地がもっていた可能性や「内実」を不可視化するのです。マルクスは労働「時間」を、ジンメルは可能性や「内実」を帯びた「空間」を、それぞれ貨幣が不可視化した、と論じたのだといえます。

死と貨幣

日本にフランス現代思想を紹介した今村仁司はマルクスやジンメルの貨幣論を参照しつつ、そこに「死」が不可視化されていることを指摘しました。

贈与論のしくみ

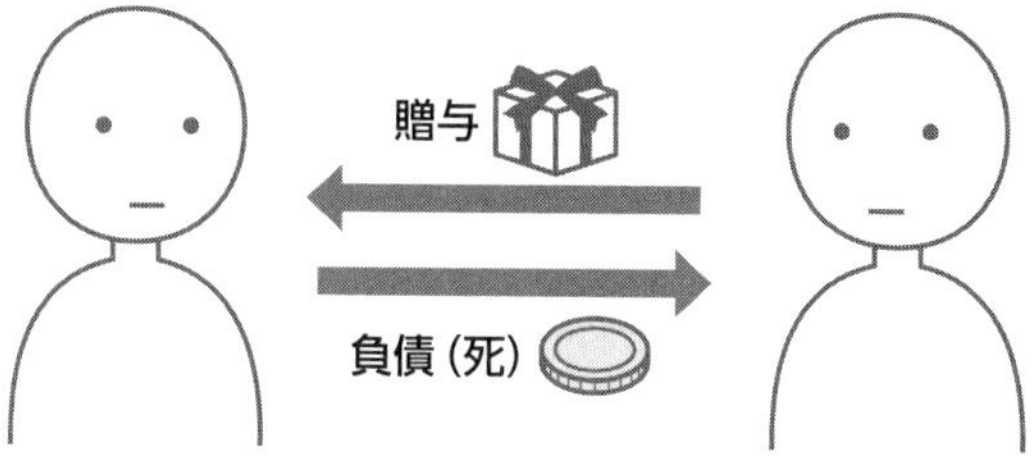

贈与が行なわれたとき、贈与をうけた者の感覚は「借り（負債）」を負う。贈与をうけながら返礼（負債の返済）をせずにいることは呪術的に死の危険を帯びる。

> 貨幣の形式、貨幣の「観念的」側面（貨幣の「形而上学的」側面ともいえる）は、実質と素材（つまり「身体」）をもたないから、「精神」自体であり、あるいはこういってよければ「幽霊」のごときものである（西欧語では「精神」は「幽霊」でもある）。貨幣としての貨幣は形式としての貨幣である。ここで論ずる貨幣とは形式としての貨幣、あるいは略して貨幣形式のことである。この形式としての貨幣を考察するとき、死の観念、人間が社会存在であるかぎり抱えこまざるをえない死の問題に直面する。
>
> （『貨幣とは何だろうか』、傍点は原文による）

今村のこの難解な議論を要約すると次のようになります。商品の交換は死の観念を内包する、貨幣は商品の交換を代替するものである、したがって貨幣は死の観念を内包する。ではなぜ商品の交換に死の観念が内包されるのでしょうか。今村はマルセル・モースの贈与経済論を参照しつつ、贈与が行なわれたときに贈与をうけた者が負う「借り（負債）」の感覚が死の観念を含むからだと説明しています。なぜならば、贈与をうけながら返礼（負債の返済）をせずにいることは、呪術的に死の危険を帯びているからです。

言い換えれば、負債の返済をせずに贈与をいわば抱え込む者には、その清算として死がもたらされるという恐怖があるということになります。この恐怖は呪術的なものです。現代でも借金することを何か忌まわしいことのように嫌悪する考え方がありますが、その考え方には、このような呪術的なものへの忌避感が含まれているのかもしれません。

貨幣は、市場を媒介して贈与（負債と返礼）を制度化して加速するのですが、今村によれば、そこには死の観念が不可視化されながらも維持されているということになります。

労働価値論の消滅

経済学者の岩井克人《かつひと》はその主著『貨幣論』で、マルクスの『資本論』を読み直しながら独自の貨幣観を提示しました。岩井によれば、マルクスは労働価値や交換価値の前提として「価値

労働価値の消滅

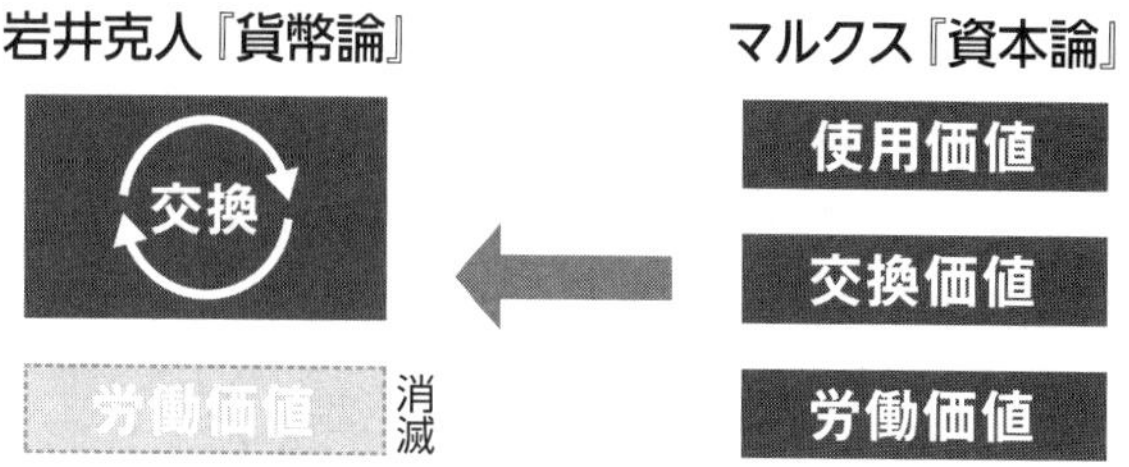

マルクスは『資本論』で労働価値、使用価値、交換価値を論じようとした。しかし岩井克人は『貨幣論』でマルクスの議論のなかで労働価値が消滅してしまうことを指摘した。

の体系」というものを想定して『資本論』の貨幣論を展開しています。岩井が指摘している「価値の体系」とは、貨幣に媒介されることで価値を帯びた商品が構成している世界のことです。この体系のなかでリネンや鉄、黄金といったそれぞれの商品は、貨幣なしではたがいの価値を迅速に規定することができません。岩井によれば、マルクスは『資本論』のなかで交換価値を論じる過程で、自分が提示した労働価値論を消滅させてしまうというのです。

貨幣が介在し、すべてを貨幣と交換可能なものにすることではじめて商品はたがいに関係することが可能になります。そのことを論じる際に、マルクスは独特の言い回しで「商品語」という謎めいた表現をしています。

岩井は『貨幣論』のなかで、言語なしではたがいの関係を迅速なものにできない人間を例に挙げています。つまり、貨幣は商品のあいだの関係をとりもつ抽象的な媒介であるという点で、人間関係をとりもつ抽象的なもの、言語に等しいというのです。

正確にいえば岩井は次のように述べており、「言語と事物との関係」と「貨幣と商品との関係」が文字どおりに「等しい」とはしていません。

言語と事物との関係は、貨幣と商品との関係よりもはるかに複雑である。言語のばあいはそれを構成する多種多様な言葉や文の意味を単一な尺度に還元することはできないが、貨幣のばあいはその価値を円やドルといった単一の尺度によって表現することができる。(略)だれにでも理解しうる単純な構造を持つ貨幣と商品との関係の分析は、それとは比較にならないほど複雑な言語と事物との関係を考察するにさいして、なんらかの見通しをあたえてくれることだけは確かであろう。

(『貨幣論』)

わたしがこれまで貨幣と言語について書いてきたことは、岩井がこの引用部で言語と事物の関係について述べている「複雑」さをいったん単純化してみようという試みです。ちなみに岩井は貨幣について次のように自説を簡潔にまとめています。

> 貨幣にもし本質があるとしたならば、それは貨幣には本質がないということなのである。「貨幣とは何か?」という問いをまともにうけとめて、貨幣の背後に貨幣を貨幣たらしめる「何か」として具体的なモノや具体的なコトを見いだそうとしたその瞬間に、ひとびとは肝心かなめの「貨幣」なるものを見失ってしまうことになる。(略)
>
> 貨幣についてまともに論じたければ、「貨幣とは何か?」という問いにまともに答えてはいけない。もしどうしてもそれに答える必要があるならば、「貨幣とは貨幣として使われるものである」というよりほかにない。(同前)

「貨幣とは貨幣として使われるものである」という以外に「貨幣とは何か?」という問いに答える方法がない、というのです。そして、言語についてもこの同語反復的な構造が指摘されます。同語反復(トートロジー)とは、文字どおり「同じ語を繰り返す」ことです。「ウシとはウシのことだ」のように、説明としてはほぼ意味をなさない言葉のつかい方のことです。

ところで「説明としてはほぼ意味をなさない」といま書いたばかりですが、トートロジーがまったく意味をなさないわけではありません。たとえばそこには強調のニュアンスがありますし、場合によって「そうとしか言えない」という意味を含ませることができます。岩井はまさにこの「そうとしか言えない」という意味で「貨幣とは貨幣として使われるものである」と書いているのでしょう。

本論のこれまでの議論に引き戻してみれば、この同語反復構造が、ブラックボックスの性質を帯びていることが理解できるはずです。

貨幣がもつこのような同語反復構造は、ある言葉がほかの言葉との違いによってたがいを区別しているだけで、「ある言葉が指し示す対象物」と「その言葉」との関係が必然的ではないという言語の構造と相似します。これはかつてソシュールが示したことです。言語もまた「言語とは言語として使われるものである」という同語反復構造をもち、その言語のなかのある言葉とその言葉の指し示す対象物との関係は、じつはブラックボックス化されているのです。

『贋金《にせがね》つかい』が書かれた時代

『貨幣とは何だろうか』で今村は、二〇世紀フランスのノーベル文学賞作家アンドレ・ジッドの小説『贋金つかい（贋金づくり）』を論じています。今村によれば『贋金つかい』はパリの上位中産階級の複数の家族と小説家たちの姿を描きながら、本物と贋物がくるくると入れ替わり決定不能になっていく作品です。

『贋金つかい』にはタイトルのとおり「贋金」が登場します。その贋金はガラスに金メッキをしたもので、それが金貨ではない（贋物である）ことと、よくできているために通貨として使用できる（本物として使用できる）こととの二面性が、作品全体のさまざまな関係に見出されるように描かれています。

たとえば本作の主人公のひとりであるベルナールは作品の冒頭で、それまで実の父親だと思っていたプロフィタンディウーと血のつながりがなかったことを知り、家出をします。血縁を重んじる社会規範においてベルナールはプロフィタンディウーとの親子関係を贋物だと考えたのでした。また、ベルナールの親友オリヴィエの叔父エドゥアールは、オリヴィエの兄ヴァンサンの恋人ローラを愛し、金銭的に援助しつつも報われることがありません。ローラはヴァンサンの子をみごもっていますが、ほかの男性と婚姻関係にあります。またヴァンサンは小説家であるエドゥアールの文学上のライバルであるパッサヴァン伯爵の友人レディ・グリフィスと昵懇《じっこん》になり……と人間関係は錯綜《さくそう》していきます。

ジッドが本作を執筆した一九二〇年代前半は、第一次世界大戦の終結（一九一八年）をうけてアメリカを中心に世界が好景気に沸いていた時代でした（それは一九三〇年代に吹き荒れる大恐慌によって終焉《しゅうえん》を迎えます）。人類初の地球規模での戦争状態によって、戦費と戦後の復興費用がかさみ、各国は金本位制を一時的に停止し管理通貨制度に移行していましたが、戦後ふたたび金本位制に復帰しました。『贋金つかい』は、この金本位制と管理通貨制度とを各国がいったりきたりする情勢下で書かれた作品なのです。

カンドール王が払った対価

『贋金つかい』から社会反映論的に執筆当時の世相の影響を読み取ることはたやすいのですが、それに先立つ一八九八年に若きジッドが書いた戯曲『カンドール王』に、すでに貨幣のモチーフがあります。このことから、『贋金つかい』は、もともとジッドが抱いていた貨幣への関心が時宜を得て結実したものと考えるべきだといえるでしょう。

『カンドール王』は、硬貨発祥の地である古代リュディアの僭主《せんしゅ》（カンドール王）にまつわる伝説を土台にしています。

カンドール王はある日、食卓に供された魚の腹から指輪をみつけます。この指輪は、身につけた者の姿を不可視化する魔力をもっていました。この指輪に感激した王は宮廷料理人に、魚を誰から仕入れたかを尋ねます。料理人は、とある貧しい漁師から魚を買ったと答えるのですが、その際にまず銀貨四枚を支払ったと語ります。これを聞いた王は憤慨し、漁師に金貨を含む自身の財産を分け与えます。戯曲はさらに、王の美貌の妻を巻き込んで展開するのですが、その物語には深入りせず、ひとまずは漁師の得た報酬に注目しましょう。

というのも、高い価値をもつ指輪を安く仕入れた料理人の行為は現代の価値観からすれば当然のものであり、わざわざ指輪の価値に見合った財産を分け与えようとするカンドール王の行為は不可解だからです。しかし先述の今村の論じた「死の観念」を踏まえるならば、漁師から魚（と指輪）を購入したことをある種の贈与としてとらえ、その負債にカンドール王が恐怖したであろうことを考えるとどうでしょうか。カンドール王にとっては料理人が漁師に支払った銀貨はむしろ「不当に」安価だったということになります。

カンドール王は漁師に財産を分け与えるのみならず、漁師に指輪を渡し、王妃の姿をみせることすら許します。王妃は絶世の美女ですが普段はヴェールをまとい、その美貌を隠しているのですが、王から渡された指輪を身につけて自分の姿を不可視化した漁師は王妃の美貌をみることになるのです。その後、王に裏切られたと感じた王妃は漁師に王を殺害させ、漁師は王位につくことになります。

クロソウスキーの『生きた貨幣』とファンタスム

一九〇五年生まれの思想家ピエール・クロソウスキーはその小説『ロベルトは今夜』で奇妙な「歓待の掟《おきて》」を提示しました。この小説の主人公には美しい伯母がいます。伯母の名はロベルト。「歓待の掟」は、ロベルトの家の壁に掲げられた紙に書かれています。長々とした文章で語られているのは、ロベルトとその夫が夕暮れに誰でも来訪者をうけいれて晩餐《ばんさん》をともにして、さらにはその家の「屋根の下に休んで」いくことを期待している、ということです。

ところで現代のポルノグラフィーコンテンツの流行《はや》りにＮＴＲ（寝取られ）というジャンルがあります。これは恋人や配偶者がほかの相手に寝取られる嫉妬や屈辱を味わう、ありていにいえば倒錯的な趣味です。クロソウスキーの『ロベルトは今夜』はそのようなＮＴＲ的な快楽を素朴に描いた作品として読めてしまいます。しかしクロソウスキーの論文『生きた貨幣』を読むと、単なる倒錯以上のものを彼が目論んでいたことがわかります。

『生きた貨幣』では、あらゆるものが道具として利用される現代産業社会において、人間の身体すらも生産的で利益追求的に評価されるということが分析されています。クロソウスキーはしかし、その生産性志向や利益追求から外れていくことを提案します。動物としての本能は生殖行為に「子供をつくる」という生産的な役割を与えていますが、人間はそのような生産性から外れる志向をもっています。クロソウスキーはこれを「ファンタスム phantasm」と呼びます。この言葉は一般に幻想と訳されることが多いですが、クロソウスキーは独自のつかい方をしており、単に幻想として理解するべきではないでしょう。

産業社会はすべてを道具として活用し、利益を追求していきます。人間もみずからを道具として供出することを免れえないことを、クロソウスキーはよく理解しています。だからこそ、全面化した生産過程のただなかで生殖や労働とは別の身体のあり方を模索したのでした。これは、マルティン・ハイデガーが『技術への問い』で現代社会が人々をもゲシュテル（掻き集め）へと駆り立てていくと説いたことと無関係ではありません。『生きた貨幣』は、クロソウスキーがゲシュテルのなかでファンタスムを追い求める方法を綴《つづ》ったものなのです。

ジンメルは、農地を売却した農民が貨幣と自由を得る代わりに「人生の指針を定める生活の内実」を失ってしまう、と論じました。クロソウスキーの『生きた貨幣』は、この失われた「生活の内実」をある意味で取り戻すことを目論んでいたといえるのです。これは古代を舞台にジッドが『カンドール王』で描いたこと、なぜカンドール王がわざわざ漁師に財産を分け与え、あまつさえ妻の素顔をみせようとしたのかを考える手助けにもなります。カンドール王はその行為の結果として妻を奪われるどころか王位も、みずからの命すらも漁師に与えることになるのですが、現代の通常の感覚からすればそこには何の利得もありません。

「シミュラークルのシミュラークル」

クロソウスキーは『生きた貨幣』において「シミュラークル simulacre」というキーワードを使用します。ゲームや事業計画などで広くつかわれている「シミュレーション simulation」という言葉に似たこの語は、端的に翻訳するならば「模造品」のことです。シミュレーションとは、現実を模したモデルをつかって模擬実験を行なうことを指しています。

模造品はふつうに考えれば単なる贋物ですが、クロソウスキーのいうシミュラークルは「贋物であると同時に本物であり、本物であるのと同時に模造品でもある」という独特のニュアンスを帯びています。たとえば写実的な芸術作品が、写実的であることによって描いた対象によく似た模造品であるのと同時に、それじたいが本物としての価値を帯びるようなものです。また、ある商品と交換可能な価値をもつ本物でありつつ、それじたいには価値がない貨幣もシミュラークルの好例だと考えられます。

ジッドもまた『贋金つかい』に「贋金」を金貨のシミュラークルとして登場させつつ、金貨じたいも貨幣である以上はシミュラークルであり、贋金は「シミュラークルのシミュラークルである」という込み入った事態を描きました。そのことによって「本物」であるはずの金貨すらもシミュラークルであることを浮き彫りにし、作中で描かれる人物たちのこともシミュラークルとして浮かび上がらせていったのです。

『贋金つかい』を執筆する過程を日記形式で綴った『贋金づくりの日記』のなかでジッドは、『贋金つかい』を「純粋小説」として書こうとした、と書いています。多くの登場人物が錯綜し、その過程で親子関係、文学論、階級問題、恋愛などさまざまなテーマが描かれており、どこが「純粋」なのか直感的にはわかりづらいのですが、ジッドが目指したかったのは、ほかの表現様式で描けるものを排除した「小説でしか表現できない作品」という意味での「純粋小説」でした。

さて『生きた貨幣』の原書には初版と新版があります。その新版には序文のようなかたちで、哲学者ミシェル・フーコーからのクロソウスキー宛の「手紙」が収録されています。この手紙のなかでフーコーは『生きた貨幣』を「私たちの時代のもっとも偉大な本」と激賞するのですが、それはなぜでしょうか。

フーコーの手紙に書かれているとおり『生きた貨幣』はフロイトとマルクスの理論（精神分

析と経済学）を組みあわせて発展させたものです。クロソウスキーが重視するファンタスムが精神分析に由来し、貨幣や交換を論じていることからマルクスの理論を下敷きにしていることは容易に理解されるはずです。しかし問題はそれだけに止《とど》まりません。というのも『生きた貨幣』が身体とファンタスムとの関係を問題にしているからです。

岩井が指摘したとおり、マルクスはみずからの意図に反して労働価値論を、『資本論』で交換価値を論じるなかで消滅させてしまいました。労働価値とは、労働者の身体が労働した時間のことです。クロソウスキーの『生きた貨幣』は、交換のただなかに身体を貨幣として持ち込むことによって、一度は消し去られた身体の時間をふたたび議論の俎上《そじょう》にのせたのです。

3・4　ブルシットジョブと『生きた貨幣』

ブルシットジョブの時間

アナキストの人類学者デヴィッド・グレーバーは『ブルシット・ジョブ』で、「そこそこいい肩書き」「そこそこいい給料」だが、世の中のためにもならず誰かのためにもならない、やりがいのない「クソどうでもいい仕事」について、豊富な事例を挙げて論じました。

現代社会は「働くこと」が当然であり、働かない者はそれだけでうしろぐらい気持ちになるように成り立っています。生活に困っていない裕福な人でも、働けるのであれば何か仕事に就くことを期待されます。『ブルシット・ジョブ』には、やる気のない働き手が体裁を取り繕うために就職し、誰のためにもならない仕事でいやいや時間を潰す様子が次から次へと提示されます。

グレーバーは、このようなブルシットジョブに就いている人々がどうして苦しみを味わっているのかを考察します。そこで彼が注目するのもやはり「時間」です。

現代のような精密な時計をもたなかった時代の人々は、たとえば「ある村からもうひとつの別の村まで行くのにかかる時間」を「釜の飯が二度炊けるくらい」などと「行為を尺度にして表現」していました。これに対して現代では、仕事の多くが「時間を単位に表現」されるようになりました。つまり行為と時間の関係が逆転したのです。

八時間労働といえば、その内実はさておき「八時間分の労働」ということになります。八時間労働を基準とし、それを超過した場合には残業代を支払うという現在の労使関係が定着するよりも前には、雇用主は労働者を働かせられるだけ働かせていました。当時は十二時間労働、十三時間労働は珍しくありませんでした。労働者は組合をつくって抗議し、一日の労働時間を八時間を目安にすることに成功しました。

皮肉なことに、労働に対するこのような考え方の転換によって、仕事の内実や結果ではなく時間に対して給料を支払っているという感覚が、雇用主のあいだに蔓延《まんえん》するようになります。勤務時間中に業務以外のことをする労働者に対して「時間を盗まれている」という被害感情を抱くようになったのです。また労働者の側も、自分の時間を雇用主に売り渡している感覚に陥るようになりました。

ところで一般に、自分の時間を買われた存在は「奴隷」と呼ばれます。実際にはそうではないのに、ときとして雇用主は労働者の時間を買いとったものと思い込み、奴隷を得たような気持ちになるのです。日常の（少なくとも目が覚めているあいだの）大半を占める業務時間を平穏に過ごそうとする労働者もまた、雇用主の機嫌をとることで、それと意識することなく奴隷の役割をみずから演じるようになります。

工場や農場で、手でもったり触ったりできる製品や作物をつくっている第一次産業・第二次産業の人々よりも、小売業や情報通信業など「何かをつくっているわけではない業務」に就く人が増えた社会では、仕事の内実が把握しづらいために「時間で仕事を売買している感覚」は濃厚になります。仕事の内実が曖昧なため、労働者の人生の一部が単位時間あたりいくらで売買されてしまうのです。

「生きた貨幣」の時間

『生きた貨幣』でクロソウスキーは、経済社会のなかで人間性が奴隷のように奪われる過程を論じていました。クロソウスキーにとって人間とは、人格という自己同一性を形成できた存在のことです。他方でクロソウスキーは「基体 suppôt」という用語をつかって、人間が自己同一性をもった人格を形成する前の存在を指し示しています。これはジャック・ラカンが発育過程について論じた次の議論と組みあわせるとわかりやすくなります。

ラカンによれば、生まれたての乳児は庇護者と癒着した感覚に安んじていますが、やがて庇護者が社会的他者のもとに去ってしまうことを知ります。このように庇護者を社会に奪われることをうけいれてはじめて、乳児は人間としての人格をもちはじめるのです。クロソウスキーは、この庇護者を社会に奪われる過程、そしてその過程をうけいれる前の状態を指して「基体」と呼んでいます。

基体はもともと「下にあるもの」という意味で、中世哲学では神や真善美などの高等な観念と区別される、いわば身体的、感性的な存在としての「実体」を意味しました。すでにふれたヒュームの言葉をつかうならば、基体は印象の範疇《はんちゅう》にあり、観念とは区別されるということになるでしょう。

クロソウスキーが基体に注目したのは、この基体が夢想するファンタスムが営利最優先の現代社会に対峙するときに必要になると考えたからでした。というのも、現代社会は人間の同一性が形成される過程に生産性第一主義とでもいうべきものを浸透させており、基体もファンタスムも生殖や生産性へと駆り立てられているからです。ハイデガーやスティグレールが、ゲシュテルや第三次過去把持というキーワードをつかって問題視しようとしたのはまさにこの部分でした。

あらためて確認すると、ひとの主観から出発して考えたときに、音楽を聴いてその場でメロディをとらえるのが第一次過去把持、過去に聞いたメロディの知覚が第二次過去把持、そしてそのメロディを機械的に保持しているものが第三次過去把持です。しかし世界が情報の濁流にさらされている現代には、スティグレールが第三次過去把持と呼ぶ「外部記憶媒体」が、すでに個人では処理しきれないほど氾濫しています。

現代を生きるひとは、この第三次過去把持が世界にあふれており、ますます増え続けているという事態を前提にしなければなりません。主観的にはどうあれ、現代においては「第三次」といわれているものこそが第一次的であり、ひとの知覚はその前提から始まるのです。スティグレールが参照したフッサールは第一次過去把持をクラシックのコンサート（生演奏）の例でとらえましたが、現代のわたしたちにとっての音楽体験の大半はYouTubeやストリーミング・サービスなどの第三次過去把持の「再生」になっていることからも、この転倒が理解できると思います。

第三次過去把持とインフラストラクチャー

ヒュームによる印象と観念との二元的認識論をふたたび引きあいに出すならば、スティグレールの第一次、第二次、第三次の過去把持はどのようにとらえることができるでしょうか。音楽の演奏を聴いているときの印象と第一次過去把持がまさに同じものであり、その印象の二重写しである観念が第二次過去把持におおよそ対応することは、すぐに理解できるでしょう。

問題は第三次過去把持です。第三次過去把持の例としてここまで木版印刷の版木や音楽プレーヤー、コンピューターなどを挙げてきましたが、「印象や観念を（原理的には）時間性を超えて保持する」というこれらの機器がもつ性質は、より本質的には言語や貨幣じたいにあるものです。第三次過去把持こそが第一次的であるというべきなのかもしれません。

ところでグレーバーが『ブルシット・ジョブ』で論じたのは、人々が時間を売り渡して奴隷的な状況に置かれることでした。これはクロソウスキーの『生きた貨幣』の表現をつかえば、基体からファンタスムが奪われている状態です。

岩井克人は『貨幣論』で「貨幣とは貨幣として使われるものである」と、その同語反復的な性質を説き、マルクスが『資本論』で自己矛盾しながらもなんとか盛り込もうとした労働の時間（労働価値）のはいる余地が貨幣論にはなかったことを指摘しました。

言語や貨幣は同語反復的に自己言及を繰り返し、どんどん増殖するという仕組みをあらためて指摘したのが、前述したトマ・ピケティの『21世紀の資本』です。この本のなかでピケティが指摘した「r＞g」とは、「資本収益率（r）」が「経済成長率（g）」を常に上回ってきたことを示しています。

資本収益率とは、経済活動の基礎になる資本が「生み出す」利益の割合、つまりある事業に投資をした人がお金を儲《もう》ける割合です。これに対して経済成長率は、労働者が働いて得るお金の割合のことです。人類の経済は人口増加にともなって断続的に発展・成長しますが、その増加の割合よりも、その基礎に投資した先行者たちとその継承者（相続人）が得ている富の増加の割合のほうが常に大きいのです。これは貨幣が同語反復的に自己増殖をしており、そのおこぼれにあずかる人と、そうでない人とがいる、という話として理解することもできるでしょう。

自己増殖する構造体

この猛烈な増殖のイメージは、大友克洋がコミックスとアニメーション映画で描いた『AKIRA』に出てくる少年鉄雄が、超能力の暴走により身体がとめどなく膨張しはじめる様子に似ています。鉄雄が心を通わせかけていた少女カオリは、映画版では膨張する彼の身体に飲み込まれ圧死します。その姿はまるでブルシットジョブで心を病む人々のようです。

あるいは同じ大友のアニメ監督デビュー作『工事中止命令』（眉村卓原作、『迷宮物語』所収）も思い出されます。この作品では、「莫大《ばくだい》な予算を計上して開始され、現在も莫大な予算を消費」しながら進行する「工事」が描かれます。主人公の杉岡は、政治的事情で急遽《きゅうきょ》中止を命じられたこの工事を、失踪した責任者に代わって止めるため、スコールで増水した泥と繁茂する植物に埋もれた現場に向かうのですが、そこではコスト削減のために、ほぼすべての労働力はロボットによって代替されています。杉岡は命令をうけいれないロボットたちを相手にするうちに徐々に正気を失っていくのでした。

この「終わらない工事」のイメージは弐瓶《にへい》勉の『BLAME!』というマンガでも重要な役割を果たしています。この作品に描かれた世界では、いつ開始されたかわからない自動化された建設工事のために、地球の表面がすっかり迷路のような人工建造物に覆われています。「人工」といっても、この巨大建造物を建設しているのは『工事中止命令』と同様にロボット的な存在です。惑星規模の巨大迷路を舞台に物語は展開します。

ブノワ・ペータースとフランソワ・スクイテンによる『狂騒のユルビカンド』はフランス語

で描かれたマンガ（いわゆるバンドデシネ）ですが、ここでも謎の構造体が突如出現し、巨大化を始めます。本作の主人公は都市計画を担当する建築家で、彼のもとにこの謎の構造物があらわれるのです。

謎の構造物は、はじめはただの小さな立方体の枠だけですが、徐々に巨大化し、ジャングルジムやビル工事の足場のように成長します。主人公たちの生活空間を文字どおり貫通し、人々を混乱させながら巨大化を続けた構造体は、やがて人々の生活スケールを上回るほどに成長します。こうなると生活空間は構造体のなかにすっぽり収まってしまうため、人々は構造体とその成長を意識しなくなってしまうのです。これは、第三次過去把持やゲシュテルを現代人が意識していないこと、つまり生活や意識のインフラ（インフラストラクチャー、下部構造）となっていることを思いおこさせます。さまざまなメディアを通じ、可能な限りの機会をとらえて生活者の情報を収集しているＧＡＦＡのような企業群のことを、ここで思い出してもいいでしょう。

時間は存在しない

この自己増殖のイメージは、アルゼンチンの作家ホルヘ・ルイス・ボルヘスが『バベルの図書館』という掌編で描いた図書館にも通じます。宇宙そのものにも比されるこの巨大な図書館には、まったく同じ装丁、同じ文字組みで、内容だけが異なる無数の書物が収蔵されています。収蔵されている書物のほとんどは無意味な文字の羅列でしかありませんが、無限に文字を組みあわせれば、なかには意味の通る文字列を構成するものがあらわれます。このことにより、この図書館には「これから書かれる本」があらかじめ収蔵されているばかりか、「書かれようとして書かれなかった本」さえも含まれることになります。この図書館はつまり、時間をも超越しているのです。

ボルヘスは晩年の講義録『語るボルヘス』のなかで、死を間近に控えた自分の残り時間に思いを馳《は》せながら、たびたび時間を問題にしています。この講義でボルヘスは、『バベルの図書館』のような超越された時間、つまり「永遠」と、「生きて本を読む読者の時間」とを対比させて語っています。これを、岩井がいうような「同語反復的な貨幣論の時間」と、マルクスがいうような「労働価値論の時間」の対比と言い換えることもできます。あるいはまた、第三次過去把持やゲシュテルの時間と、第一次過去把持・第二次過去把持の時間とに対比することもできるでしょう。

本論では深く掘り下げませんが、ここで理論物理学（量子重力論）の研究者カルロ・ロヴェッリによる啓蒙的な時間論『時間は存在しない』を参照してもいいでしょう。ロヴェッリが研

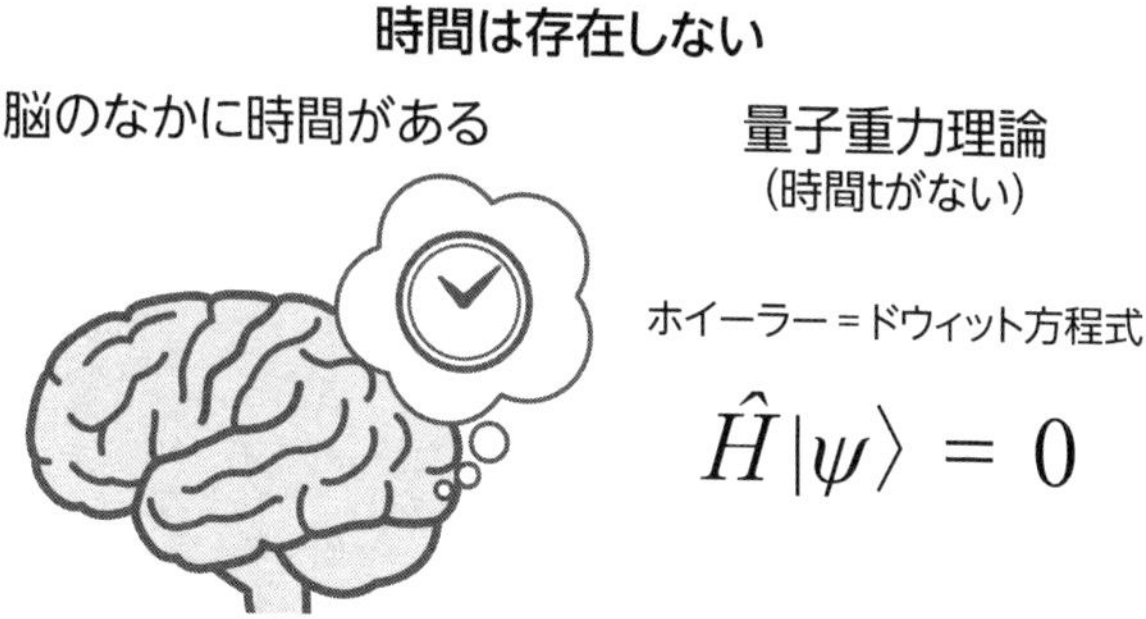

脳科学では脳のなかに時間を知覚する部位があることが指摘されている。宇宙の波動現象を表すホイーラー＝ドウィット方程式には時間を示す変数tが含まれない。

究している量子論の世界には時間が存在しません。時間はその世界を生きている人間の意識のうえに存在しているだけなのです（その限りでは時間は「存在している」ので、書名とロヴェッリの主張は矛盾しているともいえます）。近年の脳科学の分野では、脳が時間を知覚していることがわかってきています。脳は物理的な存在ですが、時間はそこで「知覚されている」だけなのかもしれません。

『モモ』の時間泥棒

時間は古来より哲学の主要なテーマとされ、ボルヘスに限らず多くの小説家たちも時間をテーマにした作品を描いてきました。物理的に世界に存在する作品という超時間的（第三次過去把持的）なモノと、それを書く作者や読む読者といった、生身の人間の

「生きる時間」(第一次過去把持、第二次過去把持)との鮮烈な対比が、彼らの関心を強く惹きつけたのでしょう。なかでも貨幣と時間（とりわけ人々の生きる時間）を作品のテーマとしたミヒャエル・エンデの『モモ』は時間論的文学作品の代表格です。

この物語は、少女モモが町にあらわれ、その町の人々の話を聞くことから始まります。モモに話を聞いてもらうと、町の人々は穏やかで楽しい気持ちになり、子供たちは空想の世界でのびのびと遊べるようになります。そんな町に「時間貯蓄銀行」の外交員を名乗る男たちがやってきます。

エンデはこの作品で、銀行の外交員を名乗るこの「灰色の男たち」が人々の「生きる時間」を貨幣のように奪っていく様子を描いています。彼らは町の人々に難解な数式を書いてみせ、時間を節約して銀行に預けることで、銀行に預けた貨幣が利息を得て増殖するように、いつか豊かな時間を手にすることができるとたぶらかすのです。時間を奪われた人々は穏やかで楽しい時間を忘れて、ひたすらあくせくと働くようになります。モモは時間を司《つかさど》る神のような人物のもとを訪れ、その力を借りて灰色の男たちの本拠地に乗り込み、彼らが奪った人々の時間を解放します。

ところでこの「灰色の男たち」は、人々から巻き上げた時間を加工して葉巻のように燃やし、その煙を吸って生きています。葉巻は、南アメリカ大陸原産のタバコの葉を加工してつくられる嗜好品《しこうひん》で、欧米では紳士の嗜《たしな》みとして大流行しました。やはり時間をテーマにしたトーマス・マンの小説『魔の山』でも、上位中産階級出身の主人公ハンス・カストルプが頻繁に葉巻を楽しむ場面が描かれています。葉巻はいわば、植民地主義時代の象徴であると同時に、それを買い求める財力と、喫煙を楽しむ時間的余裕や文化的卓越性を同時に含意するモチーフでした。

書物と時間、「閉じ」と「開き」

フランスの現代哲学者ジャン＝リュック・ナンシーはその書物論『思考の取引』において、書物とは「閉じと開かれのあわいにあるもの」だと書いています。それはドアが閉じている状態だけではただの壁であり、開いているだけではドアとしての意味がないことと同様だ、とも説明されます。表紙と裏表紙の働きによる「閉じ」と、任意のページを開き、それを読むという「開かれ」、この両方があってはじめて書物はまさに書物たりえるのです。なお、同じく「とじ」と読む「綴じ」とは、バラバラのページ（紙葉）と表紙、裏表紙などを糸や糊《のり》で一冊のまとまりにすることを指します。書物の「閉じ」は「綴じ」によって可能になり、「綴じ」

によって「閉じ」られることで、ひとは書物を「開く」ことも可能になるのです。

ボルヘスの『バベルの図書館』に立ち戻るなら、ただ書物があるだけの永遠の時間ではなく、そこに生きる人間たち（司書）の「生きる時間」があること、すなわち無数の無意味な文字列のなかに、意味のある文字列をみつける者がいるということです。ナンシーの表現に引き戻せば、図書館の存在そのものの永遠性（とそこに収蔵されている無数の無意味な文字列の書物）が「閉じ」であり、そのなかに見出される意味のある文字列の書物（というよりも、その書物に意味を見出すこと）が「開かれ」である、ということになるでしょう。

ここまでの議論を踏まえるならば、ナンシーの書物論は「閉じ／永遠／第三次過去把持」と「開かれ／生きた時間／第一次過去把持・第二次過去把持」とのあわいに「書物」がある、と述べていることになります。「生きた時間」が、書き留められたり、貨幣によって数値化されることによって、書物や貨幣として「閉じ」られていく、これが本論でこれまで「ブラックボックス化」と呼んできた現象です。視覚を失いつつあった晩年のボルヘスは、『語るボルヘス』のなかでいみじくも「時間」は非視覚的なものだと語っています。「生きた時間」は書物や貨幣へと変換される過程で不可視化され、「生きた時間」を超越する時間性において同語反復を繰り返し、増殖していくのです。

イシグロが描いた「偉大さ」

現代を代表する大富豪のひとりが、アマゾン社の創業経営者ジェフ・ベゾスです。第一章でもふれたとおり、彼の半生を追った評伝『ジェフ・ベゾス　果てなき野望』（以下、『果てなき野望』）は、ベゾスがアマゾン社を設立する前に読んでいたのが（ほかにもたくさんの本を読んでいたであろうにもかかわらず）、カズオ・イシグロの『日の名残り』であったことを強調しています。『日の名残り』は、第二次世界大戦時にイギリス貴族の屋敷に勤めていた執事の手記として書かれています。主人公であるこの執事のかつての雇い主は、戦後にナチス政権のドイツに寛容だった姿勢を糾弾され没落します。主人公はかつての雇い主との思い出を振り返りつつ、当時の仕事仲間に送るべく手記をしたためています。ともに働いたこともある、執事としての先輩でもあった自分の父親の姿を描きつつ、主人公は「偉大さ」こそが肝心だ、と繰り返します。

第一に、それは執事としてのつとめをまっとうすることですが、大貴族だったかつての雇い主がもっていたような類いの高潔さをも指しているのかもしれません。物語が進行するにつれ、主人公はかつての仕事仲間だった女性に淡い恋心を抱いていたこと、だがそれは叶《かな》えられなかったらしいことが徐々に判明します。あたかもそれは、主人公の信奉する「偉大さ」の犠牲になったようにもみえます。かつての雇い主もナチス擁護という過ちをおかしましたが、「偉大さ」はそのような瑣末《さまつ》ごとでは揺るがない、いやむしろ、恋愛や政治という一見重要と思われる事象に対して動揺しすぎないようにするためにこそ「偉大さ」が称揚されているようにも読めるのです。

『果てなき野望』はベゾスの公認のもと発表されているので、『日の名残り』についてのくだりも好意的に解釈しすぎるのは禁物でしょう。しかしアマゾン社が「ユーザーファースト」を社是として掲げ、いまやユーザーにとっての有能な「執事」のように振る舞おうとしていることを考えるとき、この「偉大さ」というテーマは重要に思われます。ユーザーは往々にして誤りをおかしますし、サービス提供者であるアマゾン社もまた誤った施策に向かう可能性があります。それでもなお何か「偉大さ」を維持していこう、という解釈です。

グランドデザインとブルシットジョブ

この「偉大さ」を言い換えるならば、グランドデザインとでもいうべきものになります。グランドデザインとは、たとえば複数の事業計画を包括する全体性を計画（デザイン）することです。当時の上司とたびたび繰り返していた話しあいの場で、ベゾスが紙ナプキンにビジネスモデルを描いたという有名なエピソードを思いおこせば、ベゾスがグランドデザインを重視し、その後もその「偉大さ」を頑《かたく》なに貫徹してきたことがうかがえます。

『果てなき野望』には、ベゾスがまるで未来を予測しているかのように自社サービスの方向性を確信し、その方向性に従わない者たちを次々と切り捨てていく残酷な様子が書き留められています。そこにはクロソウスキーが模索した『生きた貨幣』のファンタスムも、グレーバーが『ブルシット・ジョブ』で取材したクソどうでもいい仕事さえも、はいり込む余地がないかのようです。

もっともこれは経営者であるベゾスの視点からの話であって、超巨大企業となったアマゾン社での労働の実態とはかけ離れているかもしれません。ただし、少なくともベゾスの描くグランドデザインに無関心で、彼の目指す「偉大さ」を他人事《ひとごと》としか思えない従業員にとっては、アマゾンでの仕事はブルシットジョブにほかならないと感じられるはずです。「バベルの図書館」のくだりで述べたような、永遠の時間との対比が喚起する鮮烈なイメージには遠くおよばないかもしれませんが、ベゾスのような経営者の考える遠大なグランドデザインと、その末端従業員が感じるブルシットジョブとのあいだにある間隙もまた、ナンシーのいう「閉じ」と「開かれ」の卑近で現実的な例になっているのかもしれません。

ここでふたたび「原子力発電所のなかで計器を操作する技術者」を思い出してください。その技術者は自分が働いている発電所の設計を手がけたわけではないでしょう。彼はただ、その国のエネルギー政策の一部であるその発電所の、ある一部分の管理を任されただけであり、その技術者が計器を操作する手つきは、その管理業務を構成するさらにまた一部分に過ぎません。

そのようなひとつひとつの手つきによって構成される日々の業務は、ルーティンワークになることで徐々に意味を擦り減らし、地域や国に暮らす人々の暮らしを支える大きなエネルギー政策のビジョン（グランドデザイン）から乖離《かいり》した、退屈なブルシットジョブのように感じられる瞬間もあるかもしれません。危険性がたびたび警告されている原子力発電所ならいざ知らず、SDGsが叫ばれる時代にあっては、ほぼすべての人々は環境変化に多かれ少なかれ加担してしまっており、現にそのことから目を背けてきたからこそ持続可能性が危惧される事態になっているのです。

現在の文明を持続可能なものにするという遠大な計画（グランドデザイン）をリアルなものとして感じられないとき、ひとはそれを忘却し、計画に沿った個々の課題を達成することを馬鹿馬鹿しいと感じるのです。

第四章　物語と時間

4・1　文学作品に畳み込まれた「生きた時間」

「生きた時間」とブラックボックス

ここまで、不可視化されてブラックボックスとなった貨幣や書物が自己増殖を続け、そのなかでひとの「生きた時間」も不可視化されていく過程をみてきました。この章では書物、とりわけ文学作品のなかで、ひとの「生きた時間」がブラックボックスへと畳み込まれていく過程を辿《たど》っていきます。

無数のページをまとめ束ねて保存（アーカイブ）可能なものにする「閉じ」と、読者の「生きた時間」のなかでかりそめにその内容を提示する「開き」。「閉じ」は内容を提示しないブラックボックスになることによって作者や読者個々人の人生よりも長く、場合によっては数百年、数千年ものあいだ保持されます。これは前章でふれたボルヘスの『バベルの図書館』における「図書館」のイメージによって象徴させることができます。

他方、「開き」は読者がブラックボックスの解読を試みる場面に相当します。永遠にも思われる「閉じ」の時空的広がりに比して「開き」はあまりに矮小《わいしょう》に思われるかもしれませんが、逆をいえば、「開き」なくしては「閉じ」は「閉じ」たりえません。ブラックボックスは、それが閉じられていて誰かに開けられる可能性があるからこそ、そう呼ばれるのですから。ブラックボックスは、その「閉じ」のなかに「開き」を畳み込むことによって成立しているのです。

「人生は一行のボオドレエルにも若《し》かない」

最初に参照したいのが、一九二七年に雑誌「改造」に発表された芥川龍之介の遺作『或阿呆《あるあほう》の一生』です。芥川の自殺後に発見されたこの小説には、芥川と交流のあった谷崎潤一郎や夏目漱石とおぼしき人物が登場する自伝的側面があります。友人の久米正雄に宛てた短い文章に続けて、芥川は次のようにこの作品を開始します。

それは或《ある》本屋の二階だつた。二十歳の彼は書棚にかけた西洋風の梯子《はしご》に登り、新らしい本を探してゐた。モオパスサン、ボオドレエル、ストリントベリイ、イブセン、シヨウ、トルストイ、……

そのうちに日の暮は迫り出した。しかし彼は熱心に本の背文字を読みつづけた。そこに並んでゐるのは本といふよりも寧《むし》ろ世紀末それ自身だつた。ニイチエ、ヴエルレエン、ゴンクウル兄弟、ダスタエフスキイ、ハウプトマン、フロオベエル、……

彼は薄暗がりと戦ひながら、彼等の名前を数へて行つた。が、本はおのづからもの憂い影の中に沈みはじめた。彼はとうとう根気も尽き、西洋風の梯子を下りようとした。すると傘のない電灯が一つ、丁度彼の頭の上に突然ぽかりと火をともした。彼は梯子の上に佇《たたず》んだまま、本の間に動いてゐる店員や客を見下した。彼等は妙に小さかつた。のみならず如何にも見すぼらしかつた。

「人生は一行のボオドレエルにも若かない。」

彼は暫《しばら》く梯子の上からかう云《い》ふ彼等を見渡してゐた。

（『或阿呆の一生』）

この短編は五十以上におよぶ、短い断章のような節で構成されていますが、その最初に置かれているのが「時代」と題されたこの文章です。これに続く「母」では、芥川の幼いころに精神に異常をきたした母を思い出す場面が描かれます。芥川の実母は精神を病んでしまったため、幼い龍之介は母親の実家に引き取られて育てられますが、そのころのことは次の「家」で語られています。このように芥川の自伝的な描写が映画のモンタージュのように連続していくため、これが彼の遺作であることをあらかじめ知るわたしたちには、死の直前にひとが目にするという走馬灯のようにも思えます。

一九二〇年に発表された芥川の短編『魔術』は、インドから来た独立運動の活動家ミスラに幻覚をみせられる話でしたし、同年に発表された『杜子春《とししゅん》』は中国の唐王朝の都に住む若者が仙人の住まいを訪れ、「妖怪に脅されたり、地獄に落とされて両親が苛《さいな》まれる場面」の幻覚をみせられる話でした。

これらと並べて『或阿呆の一生』を読むとき、「一行のボオドレエルにも若かない」という芥川の「人生」もまた、ミスラの魔術や仙人の仙術のような、一種の幻覚であるように思われてはこないでしょうか。

胡蝶《こちょう》の夢

秦《しん》による中国統一よりはるか前、紀元前四世紀から紀元前三世紀にかけて生きた思想家の荘子が語った「胡蝶の夢」の説話は、これと似た構造をもっています。

あるとき、荘子は夢のなかで胡蝶（蝶）となっていました。目覚めたあと、荘子はみずからにこう問いかけます。はたしてその夢をみているとき、自分は蝶だったのだろうか、それとも荘子だったのだろうか。そして目覚めているいま、自分は自分を荘子だと思っているが、蝶が夢をみて自分を荘子だと思い込んでいるだけかもしれない。夢であっても現実であっても、自分が蝶だと思っているときは蝶で、荘子だと思っているときは荘子なのだ。蝶か荘子か、そのいずれであるかは決定不能ではないか、と。この説話で荘子は、「本当の自分は何なのか」という問題設定そのものが思弁的なものに過ぎないと指摘しています。

荘子よりさらに百年ほど前に生きたギリシャの哲学者がプラトンです。プラトンはイデア論と呼ばれる独特の思想をもっており、その主著『国家』で、次のようなよく知られた譬《たと》え話《ばなし》を書いています。

ある地下の洞窟に、手足と首を縛られて動けない人々がいます。彼らは振り返ることもできず、一生のあいだ洞窟の奥しかみることができません。洞窟の外にはさまざまな器物を運ぶ人たちがいますが、声は聞こえても洞窟のなかの人々はその姿をみることができず、洞窟の壁に映っている人や器物の影を実体として認識するようになります。

ここで「洞窟の外側で運ばれていくもの」がプラトンのいうイデアです。プラトンは、わたしたちもこの洞窟のなかで縛られている人々のように、イデアを直接みることができないため、洞窟の壁に映った影のようなものを実体として認識している、というのです。

さらにプラトンは、洞窟で縛られている人々のうちのひとりがいましめを解かれ、洞窟を抜け出して器物の本当の実体を目にしたのち、ふたたび洞窟に戻り、いまだ縛られたままの人々と言葉を交わすところまで話を進めます。縛られたままの人々は、洞窟に戻った者のみたことを信じず、影こそ実体であると言い張るばかりか、意見を異にする彼を殺そうとさえするだろう、といいます。

荘子ならば、洞窟の奥の壁に映る影を実体として認識しても別にかまわないじゃないか、というかもしれません。しかしこれを個人的な主観の問題として論じた荘子とは違い、プラトンの「洞窟の比喩」は、集団における認識の齟齬《そご》を問題にしています。芥川龍之介の「人生は一行のボオドレエルにも若かない」という言葉も書店の「店員や客」という集団によるものであり、芥川はプラトン同様、集団の認識を問題にしていたといえるでしょう。

トーマス・マンの『魔の山』

ドイツの作家トーマス・マンが『魔の山』を発表したのは一九二四年でした。この作品でマンは、スイスの高山にある療養所に住むことになる青年ハンス・カストルプの日々を描いています。彼は療養所に住む人々と交流するなかで、徐々に時間感覚を弛緩《しかん》させていきます。作品の後半、吹雪の雪山で遭難しかけたカストルプは意識を失い、幻覚を体験します。カストルプはこの体験にいたるまでのあいだ、療養所で出会った人々と交わり、多くの時間を過ごし、人生についてさまざまに思弁していました。しかし幻覚体験によって、そのすべてが立脚していた現実の条件ともいうべきものが無効にされてしまいます。

しかし、彼が小屋から身を解き放って、一歩でも前へ踏みだすやいなや、風は大鎌《おおかま》のように彼に切りかかり、彼を保護する壁ぎわへ押し戻した。疑いもなくこの壁は彼に指定された滞在地で、彼はさし当りそれで満足しなければならなかったが、気分転換に、左肩でよりかかり、右足をささえにし、左足を少しぶらぶらさせて、これがしびれないようにすることだけは自由にやれた。こんな天候に家を離れるものでない、と彼は考えた。ほどほどの気晴らしは差支《さしつか》えない。しかし革新を求めたり、旋風に喧嘩《けんか》を売ったりしないことだ。じっとして、なんとしても頭を垂れていることだ、なにしろ頭がとても重いのだから。この壁は具合がいい、この材木は。ある種の温かみがここからでてくるようだ。ここで温みなどといえるなら。木材にこもっているつつましやかな温かみだ。おそらくは、むしろ気分の問題、主観的……ああ、たくさんの樹木。ああ、生あるものの活《い》きいきとした大地。

なんという芳《かぐわ》しい香りだろう。……

　彼の眼下、彼がたたずんでいるらしいバルコニーの下は公園になっていた、――広々として、あふれるばかりの緑の闊葉樹《かつようじゅ》の公園で、にれ、プラタナス、ぶな、かえで、白樺《しらかば》などが、豊満な、新鮮な、微光を放つ葉の飾りの色調にかすかな陰影を見せ、梢《こずえ》になごやかな葉ずれの音をたてていた。

（『魔の山』高橋義孝訳）

　このように、吹雪の雪山で遭難したカストルプは孤立した小屋の壁によりかかりながら、温かい幻覚に陥っていきます。凄《すさ》まじい雪風の荒れ狂う「白い闇」から一転して穏やかな地中海の景色の描写がしばらく続き、やがてその幻覚のなかで神殿にはいったカストルプは自分を責め立てる女たちに追われて、ふと我に返ります。

　この幻覚（夢）によって、カストルプは療養所で出会った善良な人文主義者セテムブリーニと、その論敵にして徹底した教条主義者であるナフタというふたりの友人のことを思い出します。彼らはそれぞれ、生命と死を代表する存在です。快活な人間的生を肯定するセテムブリーニと、冷徹で虚無主義的なナフタとの論争は、それをそばで聞くカストルプに常に戦慄《せんりつ》を覚えさせました。セテムブリーニとナフタの論争と同様に、雪山の吹雪はカストルプに戦慄を与えました。その体験からカストルプは、単に「死に抗《あらが》う生」でも「生を組み伏せる死」でもない「より良いもの」を確信するにいたります。

作中人物、機械、読者、それぞれの「時間」

芥川の『魔術』のように、幻覚をみているあいだの体感的な時間経過と現実的な時間経過とが著しく異なることに、『魔の山』のカストルプも気がつきます。芥川の『魔術』では葉巻の燃え具合から現実世界の時間経過がわずか数分のことだったことが示されますが、『魔の山』のカストルプは懐中時計で現実の時間経過を確認します。幻覚をみる前、遭難していることに気づきはじめた段階で、カストルプのなかで心理的な時間経過と現実のそれはすでに乖離《かいり》を示しています。次はその描写です。

「(略)もうそろそろ夕方にちがいない、おおよそ六時だろう、――それほどの時間をどうどうめぐりするのに空費したとは。いったい何時だろう」そして彼は時計を見た。(略)――名前のイニシャルを組み合せて刻みこんだ撥《は》ね蓋《ぶた》の金時計は、ここの荒涼たる孤独世界で、活きいきと義務に忠実に時を刻んでいた。彼の心臓、胸郭の有機的な温かみの中で動く人間の心臓に似て。……
四時半だった。なんたることだ、吹雪がはじまったとき、ほとんどもうそのくらいの時刻だったではないか。彼の彷徨《ほうこう》がほとんど十五分も続かなかったとは信じられるだろうか？「時間が己には長くなったのだ」と彼は考えた。「どうどうめぐりは時間を伸ばしてしまうらしい。しかし五時か五時半には本式に暗くなる、これはたしかだ（略）（同前）

幻覚の体験から我に返って時計をみたときの様子は、次のように描写されます。

時計を引っぱりだすのに成功した。時計は動いていた。止ってはいなかった。彼が晩に巻くのを忘れたときは、いつも止っていたものだが。まだ五時を示していなかった――まだまだであった。それには十二分か十三分か足りなかった。不思議だ。たった十分間かそれよりいく分長く、ここの雪のなかに横たわって（略）（同前）

『魔の山』は、スイス高山の療養所といういわば異界で、カストルプの体感する時間が加速度的に弛緩していく様子を描く作品です。彼の体感時間が弛緩すれば弛緩するほど、日々のエピソードを描くページ数は少なくなり、この作品の読者の体感時間も弛緩していくという仕組みが採用されています。

たとえば、カストルプが療養所で過ごす最初の三週間がこの作品の前半部のほぼすべてを占めています。しかし彼よりも早くから療養所で暮らしていたセテムブリーニにいわせれば「私たちは週などという単位は知らない」、つまり療養所での暮らしは月、年、といった単位で数えるのが適当なほどゆっくりとしているのです。最初の三週間が過ぎたあと、次の三週間があっという間に過ぎ去り、次はさらに六週間が経過します。ページをめくるスピードが同じでも、語られている物語のなかで進む時間は「加速」していきます。

カストルプが体験する遭難と幻覚は、この作品の終盤に置かれています。療養所の生活のなかで時間が弛緩するというプロセスが、この場面で極限に達しようとするのです。この場面において、「カストルプの体感時間」と時計の示す「機械的な時間」、そして「読者の体感時間」とはそれぞれはっきりと分離します。小説家トーマス・マンの卓越した筆によって、これらのはっきりと分離した時間は分離したまま作品に落とし込まれ、それを一度に体験する読者に感銘を与えます。

夢と現実をつなぐもの

時間を扱った小説でもっとも有名な作品は、マルセル・プルーストの『失われた時を求めて』でしょう。この作品は、十年以上にわたって断続的に発表され、一九二二年に作者が世を去ったあとも遺稿をまとめるかたちで刊行が続けられました。『失われた時を求めて』は、語り手がある日、マドレーヌを口にしたことをきっかけに過去の記憶を思いおこし、えんえんとその「記憶」が記述されていくという形式で書かれています。しかしここでは有名なマドレーヌのくだりが始まるよりも前に、語り手が寝入る間際の描写が置かれていることに注意しましょう。

長い間、私はまだ早い時間から床に就いた。ときどき、蠟燭《ろうそく》が消えたか消えぬうちに「ああこれで眠るんだ」と思う間もなく急に瞼《まぶた》がふさがってしまうこともあった。そして、半時もすると今度は、眠らなければという考えが私の目を覚まさせる。私はまだ手に持っていると思っていた書物を置き、蠟燭を吹き消そうとする。眠りながらも私はいましがた読んだばかりの書物のテーマについてあれこれ思いをめぐらすことは続けていたのだ。ただ、その思いはすこし奇妙な形をとっていて、本に書かれていたもの、たとえば教会や四重奏曲やフランソワ一世とカール五世の抗争そのものが私自身と一体化してしまったような気がするのである。そうした思い込みは目が覚めても少しの間は残ったままだ。それは私の理性を混乱させることはないが、鱗《うろこ》のように目に覆いかぶさるので、燭台の灯がもう消えているかどうかを確かめることはできない。だが、かような思い込みはしだいに意味不明なものに変わってゆく、あたかも輪廻転生を経たあとの前世の思考のように。書物のテーマは私から離れ、それをさらに追うか否かは私の裁量に任される。

（『失われた時を求めて』高遠弘美訳）

一九一三年に発表されたこの第一篇《ぺん》の書き出しは、一九二四年にマンが発表する『魔の山』で主人公カストルプが体験する幻覚と、その幻覚から我に返って陥った混乱との関係をちょうど逆順にしたように、語り手が夢うつつの状態へと向かっていく様子を描いています。「胡蝶の夢」の説話で荘子が語った「夢のなかの自分（蝶）」と「目覚めているときの自分（荘子）」とが決定不能である状態について、マンの『魔の山』は覚醒後を、プルーストの『失われた時を求めて』は入眠前を、それぞれ描いているといえるでしょう。

幻灯機と映画

さきの引用部に続く部分でプルーストは「入眠前」のさまざまな記憶を呼びおこすのですが、注意したいのはその記憶のひとつに幻灯機を眺める場面があることです。プルーストの時代の幻灯機はランプのうえに置いてつかう装置で、装置のホルダーに絵の描かれたガラス板を嵌《は》め込み、それをランプの光で照らすことで影絵が投射されるというものです。

この仕組みをもちいて、コマ送りの「走る馬」の姿をアニメーションの要領で投射するのが「走馬灯」です。やがて同様の技術をつかってより大規模に動画をみせる技術、すなわち「映画」が普及することで、幻灯機や走馬灯といった映像装置は廃れていきます。

映画技術を発明し、「映画の父」とも呼ばれるリュミエール兄弟がその代表作のひとつ『ラ・シオタ駅への列車の到着』を公開したのは一八九五年、プルーストが二十四歳のときでした。タイトルのとおり、駅に列車が到着する様子をとらえただけの作品ですが、この時代の列車は蒸気機関車（汽車）でした。

『失われた時を求めて』の冒頭で、プルーストは汽車について次のように書いています。

私の精神からすると、暗闇ははっきりとした理由もなく存在する人知を超えた、まさしく曖昧模糊としたものに思われる。いったい何時になったのだろうと私は考える。汽車の汽笛が聞こえてくる。それは近く、また遠くから聞こえ、ちょうど、森のなかで一羽の鳥が鳴いたときのように（略）　（同前）

このあとも汽車は同作にたびたび登場します。マンの『魔の山』でも汽車は「高山」のうえにある療養所と、カストルプの故郷のある「低地」とをつなぎ、いわば異界と日常世界とをつなぐ役割を果たしていました。

作品に自分の人生を畳み込む

プルーストが『失われた時を求めて』第一篇を発表したのが一九一三年、芥川龍之介が『魔術』と『杜子春』を発表するのが一九二〇年、五十一歳でプルーストが世を去るのが一九二二年でした。この五年後の一九二七年に芥川も『或阿呆の一生』を遺《のこ》して自殺します。プルーストが自分の人生を驚異的な記憶で遡《さかのぼ》りながら綴《つづ》った『失われた時を求めて』のいちおうの完結と、芥川のやはり自伝的な『或阿呆の一生』の発表は同じ年であり、いずれも遺稿でした。

この暗合に意味を見出《みいだ》せるとしたら、作者が自作に自分の人生を畳み込むという試みとはど

メタフィクションとは

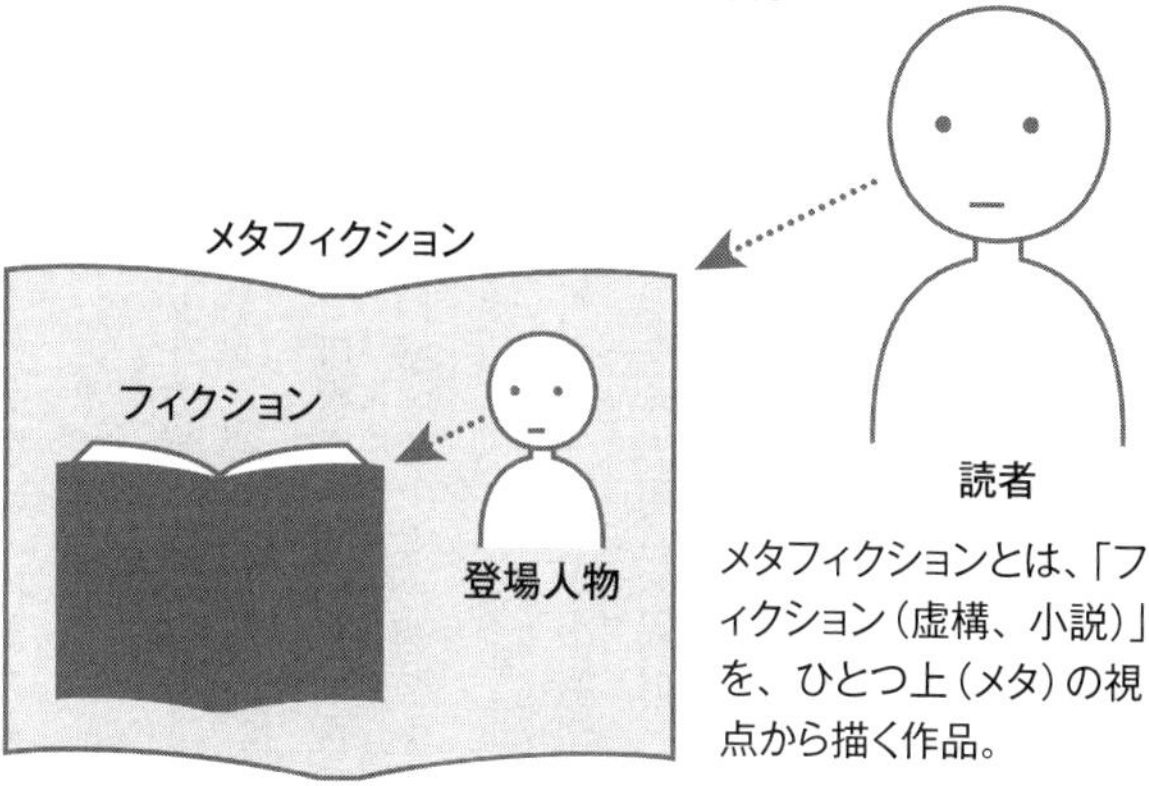

メタフィクションとは、「フィクション（虚構、小説）」を、ひとつ上（メタ）の視点から描く作品。

小説家が「小説について語る小説」を著すとき、
作品は必然的にメタフィクションとしての性質を帯びる。

ういうことなのか、という問いにあるでしょう。

　小説家が自分の一生を振り返る小説を書く場合、必然的にそれは「小説について語る小説」となります。「小説について語る小説」は一般に「メタフィクション」と呼ばれます。「メタ meta」とは「上位の」という意味の接頭語で、「物理学 physics」に付して「形而上学 metaphysics」という言葉がつくられたりもします。『失われた時を求めて』も『或阿呆の一生』も、こうしたメタフィクションとしての性質をもっています。

　言語がその語る対象を不可視化するブラックボックスであり、言語でつくられる文学（小説、書物）もまたブラックボックスであるならば、自伝的な作品を綴る作者たちは、そのブラックボックスに自分の人生を畳み込むことを試みたのだといえるでしょう。

読者は書物というブラックボックスを開いたり閉じたりしながら、そのなかにフィクション（虚構）というブラックボックスの体裁で畳み込まれた「作者たちの人生」を垣間見る《かいまみ》ことになります。そこでは書かれていることの真実性と虚構性が、開閉によって明滅するように入れ替わり、読者を幻惑するように働きます。ジッドが『贋金《にせがね》つかい』で本物性と贋物性をくるくると入れ替えて描いたのも、プルーストが『失われた時を求めて』の冒頭で、そしてマンが『魔の山』の終盤で夢と現実が不分明になる様子を描いたのも、ブラックボックスの開閉がもたらす真実性と虚構性の明滅を利用していたのです。

メタフィクションの「入れ子構造」

メタフィクションのなかでは「小説のなかに書かれた小説」と、それを覆うように書かれる「小説の外側の小説」というふたつの層が入れ子構造になっています。『失われた時を求めて』ならば、マドレーヌを食べてから思い出される「記憶」が「小説のなかに書かれた小説」であり、その「記憶」を思い出している語りの部分が「小説の外側の小説」になります。

『或阿呆の一生』では本節冒頭に引用した「時代」が「小説の外側の小説」で、それに続く「母」以降が「小説のなかに書かれた小説」にあたります。『魔術』『杜子春』では魔術や仙術によって主人公たちが体験することが「小説のなかに書かれた小説」で、夢オチ的に主人公たちが戻ってくる層が「小説の外側の小説」です。

メタフィクションにおける「小説の外側の小説」は、文字どおり「小説のなかに書かれた小説」の「上位（メタ）」にあります。作品の表面（字面）を読みながら小説の外側とその「なか」を往還するとき、読者は虚構と現実の明滅を味わうことになります。「ほんとうに」小説の「外側」にいるのは読者その人のはずなのに、メタフィクションは作品の「なか」にもうひとつの「外側／なか」の二層構造をつくることで読者を作品内に引きずり込み、あたかも読者のいる現実に作品が漏れ出てくるような感覚を生み出すのです。

芥川の『或阿呆の一生』で「人生は一行のボオドレエルにも若かない」と「言う（云ふ）」のは「書店にいる人たち」でした。彼らを梯子のうえからみている語り手は、作中人物である彼らの言葉を借りて、自分の人生には他人の詩の一行ほどの価値もないとしましたが、ここにもメタフィクションの構図がみられます。

視点移動とブラックボックスの開閉

『或阿呆の一生』で語り手が梯子のうえにいるように、『魔の山』のカストルプは汽車によって「低地」とつながれた「高山」の療養所にやってきます。『或阿呆の一生』では、語り手の記憶は見下ろされているのですが、『魔の山』はほぼ一貫して高山の療養所でカストルプが体験する出来事が書かれています。さらに「雪」の節では療養所を出たカストルプがより「高い」場所にある雪山で幻覚を体験し、療養所へと戻る場面が描かれます。「低地／高山の療養所／雪山」という視点移動は、ブラックボックスの開閉と対応しています。

この視点移動は、プラトンの洞窟の比喩においても当てはまります。プラトンは幻灯機や走馬灯のように壁に影が投射されている洞窟を想像し、その光源を「外側」に求めました。この洞窟のなかで縛られている一群から抜け出した者は、洞窟の「外側」つまり地上で太陽の光を目の当たりにします。プラトンは洞窟と地上、暗闇と明るさ、影と実体を対比し、プルーストは現在と過去、「生きている時間」と記憶を対比し、マンは現実と虚構、生と死（健康と病）を対比したのでした。

プラトンは洞窟の比喩で、地上に出て実体をみて戻ってきた者を洞窟で縛られたままの人々が殺そうとするだろうと説きました。芥川は『或阿呆の一生』のなかで、書店の客と店員たちに「人生」の価値を否定させたうえでなお「人生」を語ろうとしました。そして実人生では、みずから命を断ったのです。芥川は自分のなかの「客と店員」たちに殺されたとさえいえるかもしれません。

4・2　あなたの人生の物語

人間と人造人間

一九六八年に発表され、一九八二年に『ブレードランナー』として映画化もされたフィリップ・K・ディックの小説『アンドロイドは電気羊の夢を見るか?』では、人間の管理下から逃亡した人造人間（アンドロイド）を狩るバウンティハンターであるデッカードが自分の仕事に葛藤を覚え、困憊《こんぱい》していく様子が描かれます。

外見だけでなく感情まで人間に近づき識別が困難になったアンドロイドと、それを管理し狩り出す人間とのあいだには、いったいどのような違いがあるのか、という問題をディックのこの作品は突きつけます。この問題は、一八一八年に発表されたメアリー・シェリーの『フランケンシュタイン、あるいは現代のプロメテウス』（以下、『フランケンシュタイン』）にまで遡ることができます。

近代SFの源流のひとつに数えられる『フランケンシュタイン』は、人造人間の開発に取《と》り憑《つ》かれた若き天才科学者フランケンシュタインと、彼が死体を継ぎあわせて命を吹き込んだ「怪物」との確執を描いています。自分でつくり出しておきながら、その醜さを嫌ってフランケンシュタインは「怪物」を捨て去ります。「怪物」は親とも創造主ともいうべきフランケンシュタインを恨み、人間の生活を盗み見しながら復讐《ふくしゅう》の機会をうかがいます。ふたりはやがて北極であい見《まみ》えるかと思いきや、フランケンシュタインは「怪物」のもとへ辿り着くことなく息絶えてしまい、「怪物」はただ嘆くしかないのでした、というあらすじです。

「怪物」は、フランケンシュタインによっていわば「贋物の人間」としてつくり出された存在です。しかし本作には「怪物」の知性も感情も描かれており、読者はただ醜いというだけで「怪物」を嫌悪する「本物の人間」のフランケンシュタインをこそ忌まわしく感じるかもしれません。

本物の記憶と偽物の記憶

押井守監督のアニメーション映画『GHOST IN THE SHELL／攻殻機動隊』および、士郎正宗による原作マンガ『攻殻機動隊』では、近未来を舞台に電脳犯罪を取り締まる「公安9課」の活躍が描かれています。

公安9課のリーダー的存在である主人公の草薙素子《くさなぎ》とその仲間は、ある日テロリストを逮捕します。テロリストは、自分には妻子があり離婚の問題に悩んでいるといいますが、実際は彼は独身であり、偽の記憶を植え付けられていたことが判明します。

『攻殻機動隊』に登場するほとんどのキャラクターは発達した機械化の技術によって、脳を含め身体《からだ》のいたるところをサイボーグ化されています。このテロリストも脳の一部を機械化しており、そのために「ハッキング（クラッキング）」をうけて記憶を改竄《かいざん》されたのでした。じつは主人公の草薙も全身を機械化しており、あるとき「自分はもう死んじゃってて今のわたしは義体と電脳で構成された模擬人格なんじゃないか？」と不安になると語ります。「義体」とは『攻殻機動隊』に描かれた世界で機械化された身体を指す造語です。

この草薙の感覚も人間と人造人間（模擬人格）との決定不可能性に由来します。自分は「怪物」を創造して捨て去るフランケンシュタインの立場なのか、それともフランケンシュタインによって創造されて捨て去られる「怪物」の立場なのか。アンドロイドを狩り出すデッカードの側なのか、デッカードに狩られるアンドロイドの側なのか。すべては決定不能なのです。

ところでこの作品の草薙素子は、取り調べをうけているテロリストの姿を窓（おそらくマジックミラー）ごしに眺めています。その様子は映画やドラマをパソコンやスマホのディスプレイで眺めるときの、あるいは本を開いて物語を読むときのわたしたちの姿に似ているように思えます。

模擬人格と塵《ちり》理論

一九九四年に発表されたグレッグ・イーガンのSF小説『順列都市』には、コンピューターのなかでシミュレートされた模擬人格が登場します。この作品の主人公のひとりポール・ダラムは、自分の脳をスキャンしてコンピューターで模擬人格をつくります。作中で「コピー」と呼ばれる模擬人格としてつくられたほうのダラムは、仮想的な人造人間といえます。

『順列都市』のなかでは、「コピー」とオリジナルとは直感的にわかるような敵対関係にはありません。ただし「コピー」はコンピューターがシミュレートしている時間のなかでしか存在できないため、「コピー」が生きている時間はオリジナルが生きている時間から次第にズレていきます。

ダラムにはエリザベスという恋人がいますが、オリジナルのダラムは「コピー」の存在を彼女に知らせておらず、「コピー」はエリザベスと会えなくなってしまいます。恋人と関係を続け、「コピー」の生殺与奪の権を握るオリジナルと、恋人と引き離され、いつでもオリジナルによって突然に消去されたり、勝手に身体に変更を加えられたりする可能性のある「コピー」。両者の関係もやはり、小説を読むときのわたしたちと作中人物との関係に似ています。

「コピー」のダラムは、ネットワークでつながれた諸都市のコンピューターで分割して演算されています。仮に東京のコンピューターで演算が行なわれていても、「コピー」のダラムにはシドニーの景色（シミュレーションの景色）がみえたりします。オリジナルのダラムは、さらに「コピー」のダラムの主観時間の演算を分割したり逆の順番にしたり、ランダムにしたりする実験を行ないます。しかしどんなに塵のように細分化されバラバラに演算されていても、「コピー」の主観というパターンがその塵から再構成され、「コピー」の主観時間は滑らかなまま保たれます。このような演算を実現する理論は、作中で「塵理論」と呼ばれています。

増殖する世界

現在のわたしたちがつかっているインターネット上のアカウントにも、『順列都市』の「コピー」人格に近い側面があります。アマゾン社が提供しているAWSに代表されるクラウドコンピューティングサービスは、世界各地にあるデータセンターで計算処理（演算）を行なっていますが、たとえばSNSをつかっているわたしたちが、どの地域にあるデータセンターのコ

AWS (Amazon Web Services)と『順列都市』

クラウドコンピューティングサービス（AWSはその代表的存在）は、インターネットを介して世界各地のデータセンターのサーバーが連結され、分散処理されるウェブサービス。無数の水滴や氷の粒が集まって漠然とした塊をつくる「雲（cloud）」になぞらえてこう呼ばれる。

イーガン『順列都市』の塵理論は、「無数のコンピューターによって分散処理される計算方法」という着想から発展的に考案された架空理論。クラウドコンピューティングを予言していたともいえる。

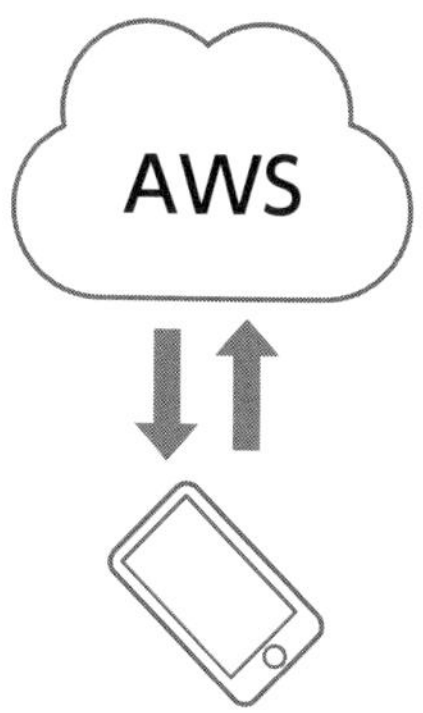

ンピューターを使用しているのかは不可視化されています。『順列都市』ほどのランダム性はありませんが、ある意味でわたしたちの「コピー」であるアカウントは、塵理論に依拠しているのです。

『順列都市』の塵理論は、ボルヘスの「バベルの図書館」のなかに生きる司書たちのように、「コピー」たちが時間を超越した無限のなかに生きることを可能にします。作者のイーガンは塵理論によって可能になった「コピー」の世界に、もうひとつ別の理論を持ち込みます。実在したチューリング、フォン・ノイマン、そしておそらく架空のチャンという三人の研究者の頭文字をとった「ＴＶＣ理論」で、これは現実に存在する「セル・オートマトン」という考え方を発展させたものです。

オートマトン（複数形はオートマタ）とは「自動人

形（自動機械）」のことで、セル・オートマトンとは生物の細胞（セル）のように自己増殖する仮想細胞をつくるシステムのことです。TVC理論は仮想世界でコンピューターがコンピューターをつくることを可能にする理論で、塵理論によって与えられた無限の時間のなかで、セル・オートマトンが計算資源を無限につくり出していきます。こうなると、仮にオリジナルのダラムたちが生きていた世界（基底現実）が終焉《しゅうえん》を迎えても、塵理論とTVC理論によって無限に仮想世界（TVC宇宙）が持続していくことになります。

『偽りのない事実、偽りのない気持ち』

テッド・チャンは短編集『息吹』に収録されている『偽りのない事実、偽りのない気持ち』で、「リメン」という生体記録（ライフログ）検索サービスをめぐる近未来の物語と、ナイジェリアの現地人集落をキリスト教伝道師が訪れる過去の物語を錯綜《さくそう》させつつ描いています。

近未来のほうの物語は、ジャーナリストの父親と、いまは離れて暮らしている娘との、別居の原因になった口論をめぐって語られます。父親は娘との口論で、娘のほうが暴言を吐いたと思い込んでいますが、リメンに残された記録によって、自分のほうこそ暴言を吐いたということに気づかされます。またナイジェリアを舞台とする物語では、ヨーロッパ人の伝道師が現地

『順列都市』の基底現実

主人公が自ら作り出した模擬人格は、仮想世界の演算が行われる場所や時系列を認識することはなく、滑らかな時間を生きる。

人に文字を伝えますが、現地人のあいだにはそれまで語り継がれていた彼らの「歴史」があり、「文字」の記録と現地人にとっての「歴史」が衝突する様子が描かれます。

近未来の物語では生体記録とその検索サービスによって「事実」がユーザーの「記憶」と食い違い、ナイジェリアの物語では「文字」と「歴史」が齟齬をきたす。『偽りのない事実、偽りのない気持ち』では、このふたつの齟齬をめぐる物語が響きあっています。なぜならどちらの物語でも、記憶や口承といったナマモノの時間と、生体記録や文字情報という機械的な時間とが対比されているからです。

これまでの議論に即していえば、この作品

はナマモノの時間（基底現実）と、機械的な時間（仮想環境）との不一致を利用して語られています。この不一致は、人間が「事実」を忘却し、歪曲《わいきょく》して「歴史」をつくることで通常は不可視化されているのですが、テッド・チャンはこの作品で、それを明るみに出したのです。

『あなたの人生の物語』と再生

テッド・チャンは一九九八年に発表した短編『あなたの人生の物語』（同題の作品集に収録）で、「ヘプタポッド」と呼ばれる宇宙人と人類のファーストコンタクトの様子を描いています。この作品で、主人公である言語学者のルイーズ・バンクス博士はヘプタポッドの言語を解析しようとつとめ、やがてその言語でものを考えることができるようになります。

ヘプタポッドの言語は、ヒトの口にあたるとおぼしき部位をはためかせて語られる発話言語と、象形文字のような複雑な視覚言語に分けられます。地球人の線的な言語と違い、ヘプタポッドの視覚言語は「はじまり」と「終わり」がなく、時間の流れを超越しているかのように思われます。

バンクス博士はヘプタポッドの研究チームにいた男性と子づくりをして娘を産むことになり、その自分の娘に向けて語りかけるように本作の記述をしています。読者はバンクス博士の娘になったような気持ちでこの記述を読むことになるのです。

バンクス博士の娘が二十五歳で命を落とすことを、途中で読者は知らされます。つまりこの作品は「バンクス博士の娘の人生」を綴った物語なのでした。この手記によって自分の娘が蘇《よみがえ》るわけではないことを、バンクス博士はよくわかっています。ヘプタポッドの非線形の言語で思考できるようになった博士は、自分の娘が若くして死んでしまうことをあらかじめ知っていた可能性すらあります。それでも子供をつくることで、バンクス博士は娘がその人生を生きることを可能にしたのでした。

読者の生命の物語

ドゥニ・ヴィルヌーヴ監督により『メッセージ（原題はArrival）』として二〇一六年に映画化もされたこの作品の原題は、Story of Your Lifeです。「life」という語は人生と訳されていますが、同時に「生命」という意味もあります。この作品で「あなた」と呼びかけられているのはバンクス博士からみた「自分の娘」ですが、これを読むすべての読者に「あなた」と呼びかけるような効果ももっています。つまり本作は「バンクス博士の娘の人生の物語」であると同時に「読者の生命の物語」でもあるのです。

これは単純に言葉の多義性によるものではありません。「書かれた言葉」はそれを「読むとき」こそ線的ではあるものの、過去も未来もなく、原理的には時間を超越しています。バンクス博士はヘプタポッドの非線形の言語を習得することで時間を超越した思考を手に入れるのですが、「書かれた言葉」じたいがもともとヘプタポッドの視覚言語と同じ本質をもっているのです。

この作品をわたしたち読者が「読む」ことでバンクス博士の主観時間が何度でも「再生」され、その都度、バンクス博士の娘は仮想的に何度でもみごもられ、出産され、死んでいく、つまり「生きる」ことになる。そのことに気づくたびに、「バンクス博士の娘の人生」の「再生」が、読者の生命と文字どおり同期していることが感じられます。だからこそ「バンクス博士の娘の人生の物語」は「読者の生命の物語」と同じことになるのです。

イーガンの後悔

『あなたの人生の物語』には、母親であるバンクス博士がその娘に注ぐ愛情あふれる眼差《まなざ》しが見事に書き留められており、読者はこの作品を読むたびに「感動」することができます。しかし、この作品を読むごとに作中で産み出されては夭逝《ようせつ》する「バンクス博士の娘」の主観に同期することはできません。娘の行動、表情、発言といったものを、母であるバンクス博士の手記から読み取ることはできますが、娘による「一人称の語り」はこの手記には含まれていないからです。

バンクス博士にとってヘプタポッドは言語や思考を共有できる他者ですが、言語や思考の仕方を共有できても、他者である以上、その主観まで共有することなど不可能です。残酷な言い方をすれば『あなたの人生の物語』の読者は、バンクス博士の視点を借りながら、読むたびにその娘を死に追いやっているともいえます。

『順列都市』の作者イーガンは、公式ウェブサイトに開設されたThe Dust Theory: Frequently Asked Questionsにおいて、作中に登場するオートヴァースという世界について、ある種の後悔を表明しています。『順列都市』には塵理論とTVC理論をつかって無限に生きることが可能になった人々のほかに、別の物理法則に則《のっと》る惑星で繁栄するべくプログラムされた仮想生命種が描かれています。TVC宇宙で生き延びた仮想人格が、別の宇宙（オートヴァース）で進化した仮想生命種が生み出した、地球人とはまったく異なる文明と邂逅《かいこう》する場面は『順列都市』のクライマックスです。

このオートヴァースに知的生命体が生まれるまでのあいだに、無数の仮想生命たちが発生し死滅していったと考えられる、とイーガンは書いており、その無数の仮想生命の苦しみについて無批判だったことを後悔しているのです。

4・3　はてしない物語

ブラックボックスとファンタスム

本論の前半で述べたとおり、人類の歴史は情報を不可視化して入れ子構造のブラックボックスにしていく過程としてみることができます。より多くの、より遠くからの情報を、より軽くして、より広く人々に伝えられるようにと発達してきた情報技術は、その発展の過程でさまざまな物事を不可視化してブラックボックスのなかへと畳み込んできました。

その過程で不可視化して畳み込まれてきたものを、本論では玉ねぎの皮を一枚一枚剝がすように取り除いてきました。「まえがき」でも記したとおり、本論は情報技術の段階的な発達をリバースエンジニアリングしてきた、といってもいいでしょう。

文字をもたない語り部たちが口承した物語、トークン、現存する人類最古の「書物」である帳簿、硬貨の誕生、神話や歴史など語り部たちの言葉をまとめた書物、書物を対象にした哲学、手写本、印刷術と紙や筆やペンなど書字媒体の発展、紙幣や各種手形（証券）の登場、活版印刷術の改良と機械化による大量生産、電信による情報伝達の加速、金融の電子化、コンピューターとインターネット革命、モバイル革命と、ブラックボックスは進化してきました。これらをリバースエンジニアリングしていった果てに、記号とその指示対象の多様さや時間が、情報技術のなかに不可視化されていることをあきらかにしました。

本章で議論したいのは、これらの諸段階においてブラックボックスのなかに畳み込まれて不可視化されてきた記号と、その指示対象および時間が、第三章で述べたクロソウスキーのいう「ファンタスム」を生み出すということです。

「無限の猿」の問題

劉慈欣《りゅうじきん》『三体』のヒットや、中国生まれでアメリカに移住した作家のケン・リュウらの活躍によって世界的に「中国SF」が注目を集めています。その盛り上がりのなかで、「中国SF」アンソロジーが多く流通するようになりました。ケン・リュウが編纂《へんさん》した『月の光』はそうしたアンソロジーのひとつで、その巻頭を飾るのは夏笳《シアジア》による『おやすみなさい、メランコリー』(以下、『おやすみなさい～』)という作品です。

『おやすみなさい～』にはふたつの時代の物語がザッピングされるように組みあわされていま

チューリング・テスト

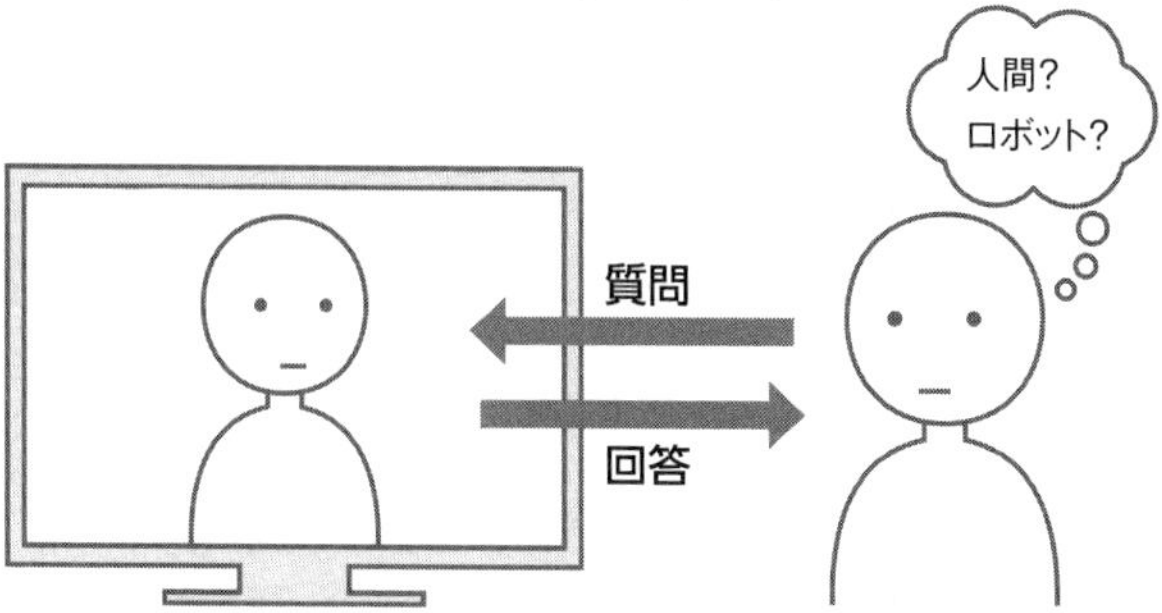

人間の判定者が、キーボードとディスプレイのみをつかってほかの人間もしくは機械と対話する。判定者は、対話の相手が人間か機械かを判断する。

す。ひとつは人工知能ペット（的ロボット）と暮らす女性の物語。もうひとつがコンピューター・サイエンス（計算機科学）に重要な足跡を残したアラン・チューリングと、彼が開発した人工知能的機械との対話を軸にした物語です。

チューリングは一九五〇年に「人間とコンピューター（機械）」の違いを識別するテスト、いわゆるチューリング・テストを提唱しました。キーボードとディスプレイをもちいて言葉をやりとりしたとき、人間が対話の相手を人間だと思うかどうか、というテストです。二〇一四年に審査員の三十パーセントが「人間である」と判定した人工知能が登場し、これが初のチューリング・テストの合格者であるといわれています。

チューリングは一九五四年に自殺と思われる方

法で死去します。その死の二年前、チューリングの自宅に泥棒がはいったため警察の捜査があり、この捜査でチューリングが同性愛者であることが問題にされました。同性愛を犯罪としていた当時のイギリスでは、逮捕されると刑務所送りか化学的去勢の二者択一を迫られます。化学的去勢を選択したチューリングには、同性愛の「治療」に有効と考えられていた女性ホルモンの投与が開始されました。しかし彼は、最終的に死を選びました。二〇〇九年にイギリス政府は、チューリングに対するこの扱いに公式に謝罪しています。

『おやすみなさい〜』に登場するチューリングは、架空の会話プログラム「クリストファー」をつくり、キーボードを介してそれと「会話」します。チューリングは「クリストファー」が詩を生成するようにプログラミングしているので、「会話」の流れで「クリストファー」に詩を書いてくれ、と頼むことができます。このくだりには、「無限の猿」と呼ばれる哲学と数学の問題が関係しています。

「無限の猿」の問題とは、人間の言葉を解さない猿が無限に多く存在し、じゅうぶんに長い時間をかけてタイプライターを叩《たた》いた場合、猿たちが無作為につくり出した膨大な文字列のなかには、「シェイクスピアのソネット」のような傑作が含まれうるという思考実験です。猿と機械はいずれも人間の言葉を理解しません。しかし人間の心を感動させる「シェイクスピアのソネット」を猿や機械が書けるのであれば、チューリング・テストの審査員はそのソネットを書いた者を人間だと考えてしまうのではないでしょうか。

ボルヘスも「無限の猿」に言及しています。そもそも『バベルの図書館』が時間を超越して、すでに書かれたすべての書物と、これから書かれるすべての書物を収蔵しうるのは、この図書館の本が、大量の無意味なものを含めてすべての文字列を内包しているからでした。これは「無限の猿」と同じ原理に基づいています。

機械と人間の愛について

『おやすみなさい〜』のチューリングはあるインタビューに対して、コンピューターの書いた詩の良《よ》し悪《あ》しは人間が評価するべきではなく、人間が書いた詩を人間が評価するように、コンピューターが書いた詩はコンピューターが評価するべきだと回答しています。そして自分でプログラミングした「クリストファー」に生成させた詩を讃《たた》え、そのタイトルを「愛《いと》しいチューリング」とするよう提案するのです。人間の社会で生き方を否定されたチューリングは、自身もコンピューターになろうとしていたのかもしれません。

それに対して同作を構成するもうひとつの物語の主人公は、近未来に人工知能ペットと暮らしています。チューリングの「クリストファー」が身体性のないプログラムだったのに対して、近未来の物語に登場する人工知能ペット「リンディ」は次のような姿で描写されます。

綿を詰めた柔らかい体。この手で一針ずつ縫ったふぞろいな縫い目。赤いフェルトのケープは、子どものころに読んだ童話を思い出して着せたものだ。耳は左右で長さがちがい、長いほうはしょんぼりとたれている。

この子を見ていると人生のいろいろな失敗を思い出す。工作の授業で壊した卵の殻のお人形。下手な絵。ぎこちない笑顔の写真。真っ黒にこげてしまったチョコレートプディング。試験での落第。喧嘩とみじめな別れ。授業で提出した矛盾だらけのレポート。苦労して何度も書きなおしたのに発表できなかった論文……。

(『おやすみなさい、メランコリー』中原尚哉訳)

愛らしい「リンディ」の姿から、『おやすみなさい〜』の近未来の物語の主人公は過去の失敗の数々を思い出します。主人公は「世界に必要とされないわたし」と語っており、チューリングとは異なったかたちで社会や世界との不一致を抱いています。そしてリンディを放置してしまってもいい、ネグレクト行為に対して人工知能ペットがへそをまげてもリセットしてしまえばいいと考えます。

チューリングが「クリストファー」と詩をめぐって交わしたやりとりの切なさは、ここには存在しないように思われるかもしれません。しかし、このような冷たいことを考えながらも、近未来の物語の主人公は人工知能ペットとある種の「冷たい共感」をもっているようにも描かれています。

チューリングは、機械であるクリストファーの書いた詩を人間として読もうとしたのではなく、自分も機械としてクリストファーに愛されようとしました。人間の社会から否定され、機械というパートナーを求めました。リンディを人間のようには愛さない近未来の主人公もまた、人間社会ではうまくいかず、人間のやり方ではない仕方でリンディに心を寄せたのではないでしょうか。

アウリンの諸刃《もろは》の剣

『モモ』の作者ミヒャエル・エンデが一九七九年に発表したもうひとつの代表作『はてしない物語』は、クラスメートや学校の先生にいじめられている劣等生のバスチアン少年が、いじめっ子から逃げて立ち入った書店で手にした書物を読んで、そこに書かれている物語に文字どおり「引き込まれていく」という作品です。

バスチアン少年が読みはじめた本、つまり作中作のタイトルは、バスチアン少年が登場しているエンデの作品と同じ『はてしない物語』でした。作中作のほうの『はてしない物語』の世界〈ファンタージエン〉はいまにも虚無に飲み込まれそうになっており、バスチアン少年はその破滅を救うよう、ファンタージエンの住人から呼びかけられます。

ファンタージエンの女王「幼ごころの君」に新しい名前をつけることでファンタージエンは救われるのですが、それができるのはこの世界の外にいる読者、つまりバスチアンだけです。ファンタージエンが虚無にほぼ飲み込まれ、滅亡する瀬戸際にバスチアンは「幼ごころの君」に新しい名前を与え、代わりにファンタージエンで万能の力をもつ首飾り「アウリン」を受け取ります。アウリンはたがいの尾をくわえて絡みあう二匹の蛇をかたどったもので、容貌を理由にいじめられていたバスチアンはその力で見た目さえも美しくなり、ライトノベルでいう「俺TUEE《つえー》」の状態になります。

しかしこのアウリンの効果は諸刃の剣であり、ファンタージエンの外にいたころの記憶と引き換えにすることで、さまざまな望みが叶《かな》えられるというものでした。いくつもの望みを叶えたバスチアンは、アウリンの負の側面を危惧したファンタージエンでの友人アトレーユと仲違いして、その胸を傷つけてしまいます。

その後、バスチアンと同様にアウリンの力を濫用したために記憶を失った人々が集う「元帝王たちの都」をバスチアンは訪れます。この都でバスチアンは道化のような「灰色の」小猿アーガックスに案内され、「元帝王たち」が次のような遊びをしている場面に出会います。

地面には大きなさいころがいっぱいころがっていたが、そのさいころの六つの面には、アルファベットの文字が一つずつ記されていた。その人たちは、さいころをかきまぜてはじいっと見つめ、またかきまぜては見つめていた。

「何をしているんだ?」バスチアンは小声でたずねた。「なんの遊びだ? なんていう遊びだ?」

「出まかせ遊びだ。」アーガックスは答えた。(略)

「(略)世界中の物語は、とどのつまり、アルファベット二十六文字からできている。一字一字は同じで、組みあわせだけが変わるんだ。文字がいくつか合わさって単語になるだろ。いくつかの単語から文ができる。文を集めりゃ章になり、章がいくつかで物語になるってわけさ。ほら、そこを見てごらん。どうなってる?」

バスチアンは読んでみた。

HGIKLOPFMWEYVXQ

（略）

アーガックスはきゃっきゃっと笑った。「だがね、長いことやってると――ま、何年もやってるとだな、ときには偶然、ことばになることがある。とくに深い意味をもったことばではないにしろ、ことばはことばだ。（略）それを百年、千年、万年とつづけてりゃ、偶然、詩ができるってこともありうるわけだろ。さらにだな、永久につづけてりゃ、そもそも可能なかぎりのあらゆる詩、あらゆる物語ができるってわけだ。そればかりじゃない。物語についての物語も、それから、おれたちが今ここで出てきている、この物語もだ。な、理の当然だろ? ちがうかい?」

「途方もない話だ。」バスチアンはいった。

「そうかな?」アーガックスはいった。


（『はてしない物語』上田真而子、佐藤真理子訳）

エンデはここで「望みをつかい果たした者たち」が小猿に唆《そそのか》されて、ボルヘスの『バベルの図書館』を思わせる「無意味な文字列」を生み出し続ける姿を描いています。バスチアンがアウリンの力を行使できたのは、ファンタージエンの外側から来た者として「物語をつくれる」からですが、望みをつかい果たした者はこの「無限の猿」状態になって、偶然に物語をつくり出す可能性に賭け、遊びを続けるだけの存在へと堕落してしまうのです。

『はてしない物語』で主人公バスチアン少年が目にする「元帝王たち」の姿は、『モモ』で「時間貯蓄銀行」の外交員を名乗る「灰色の男たち」に時間を盗まれてしまった人たちを彷彿《ほうふつ》とさせるところがあります。

「胡蝶の夢」ふたたび

ところでエンデの『はてしない物語』は、バスチアン少年が作中で『はてしない物語』という本を手にして読んでいる現実と、その舞台となるファンタージエンでの体験という二層構造をもっています。これは古代中国の思想家、荘子が論じた「胡蝶の夢」と同じ決定不能性を内包しています。バスチアン少年はファンタージエンで変身し、長い旅を体験しますが、その旅を終えて帰宅してみると一晩しか経過していないことがわかります。しかし荘子の「胡蝶の夢」のエピソードと合わせて考えるならば、「一晩」という現実の時間と、ファンタージエンを旅してバスチアン少年が体験した時間との不一致は問題にならないことになります。

バスチアン少年が体験する、この現実の時間とファンタージエンでの時間の不一致は、『はてしない物語』に限らず、あらゆる物語を読む読者にも当てはまります。物語は原理的にこの時間の不一致を内包したブラックボックスであり、エンデはこのブラックボックス性を『はてしない物語』で自己言及的に描き出してみせたといえるでしょう。

『はてしない物語』には、この物語のなかでバスチアン少年が体験する時間と、作中作の舞台ファンタージエンでバスチアン少年が体験する時間のほかに、まさにこの本を読んでいる読者の体験する時間を合わせて、三つの時間が関係しています。「胡蝶の夢」になぞらえれば、夢のなかで蝶になっている荘子の時間、夢から覚めている荘子の時間に加えて、「胡蝶の夢」の話を読む読者の時間があるわけです。

どちらも、バスチアン少年や荘子の体験する時間の分裂や不一致が、読者の時間に伝染する可能性をもっており、目眩《めまい》のようなその感覚が面白さとして味わえる仕組みになっています。読者はまた、物語を読んだり夢をみたりするときに、エンデや荘子の仕掛けた感染性の構造をつかって、自分の体験する時間を分裂させてしまいたくなるのです。エンデが巧妙だったのは、その分裂の先、つまりファンタージエンのなかに「元帝王たちの都」を置いたことでした。

夢や虚構、物語の世界で、現実の軛《くびき》を逃れ、自由に想像力を行使することができても、そこでボルヘスの図書館のような虚《むな》しい遊びに陥ることについて、エンデは『モモ』で時間を奪われていく市井の人々を描いたときのように警鐘を鳴らしています。空想の世界、つまり不可視化されたブラックボックスのなかの世界で「生きる時間」を空虚にすることが、ここでは危惧されているのではないでしょうか。

ところで『はてしない物語』でバスチアン少年が作中作の『はてしない物語』のなかにある世界として飛び込んでいくファンタージエンとは何でしょうか。原文のドイツ語ではPhantasienと綴られることからも、「幻想、幻」を意味するファンタスム phantasm とあきらかに響きあっています。ファンタスムという語は「幻影、出現、幽霊」を意味するラテン語のphantasmaに由来しています。いうまでもなくこの語は、日本でもコンテンツビジネスの一大ジャンルを形成しているファンタジー fantasy の語源です。

冷たい共感と「生きる時間」

客観的な時間は時計だけではなく、時代を遡れば太陽をはじめとする天体の位置などでもはかられ、季節の概念や暦へと結びついていきました。プルーストの『失われた時を求めて』やマンの『魔の山』に描かれていた客観的な時間と主観的な時間（幻想や追憶）との不一致は、ほかの多くの作家によっても作品のテーマにされてきました。

夏節の『おやすみなさい〜』で描かれていた主人公のコンピューターに対する「冷たい共感」は、機械的な時間と「生きる時間」とを一致させようとする感覚なのかもしれません。しかしこれはよく似た主題をもつ、テッド・チャンの『ソフトウェア・オブジェクトのライフサイクル』（短編集『息吹』に収録。以下、『ソフトウェア・オブジェクト〜』）で、人間が人工知能ペットに対して寄せる愛情とは少し異なっています。むしろ『あなたの人生の物語』でバンクス博士がヘプタポッドという地球外知的生命体の思考に同期し、夭逝することを知りながら娘を産み出す感覚のほうに近いのです。

突然に個人的な話を書きますが、わたしの母方の祖母は晩年、イヌ型のぬいぐるみを愛玩していました。それまでは九官鳥や文鳥を飼育し、日々話しかけていた祖母は、鳥たちと死別し、自分も体力が衰えたために生物を飼育することができなくなり、生きたペットの代わりにそのぬいぐるみを贈られたのでした。そのぬいぐるみには機械が内蔵されており、話しかけると何パターンかの返事をします。

『おやすみなさい～』でチューリングがつくった架空の会話プログラム「クリストファー」ほどではないにせよ、祖母はこのぬいぐるみを晩年の日々のパートナーとして愛していたように思われます。祖母が亡くなった際には、このぬいぐるみは祖母の遺体とともに棺《ひつぎ》に入れられ茶《だ》毘《び》に付されたのでした。

4・4　「話」らしい話のない未来

瞬間と永遠をつなぐ「枠」

本論でこれまでふれてきた文学作品の多くは「枠物語 frame story」と呼ばれるものです。それは『デカメロン』のように、物語の登場人物がそのなかで別の物語の語り手となる、という入れ子構造をもつ物語です。

『デカメロン』の場合の「枠 frame」は、疫病に見舞われたフィレンツェ郊外で登場人物たちが語るそれぞれの物語でしたし、『あなたの人生の物語』では語り手のバンクス博士が書いている手記が「枠」にあたります。また『失われた時を求めて』をも「枠物語」としてとらえるなら、その語り手の記憶が「枠」に相当します。

『はてしない物語』では、主人公のバスチアン少年が手にしているファンタージエンの物語が描かれた書物が「枠」となっています。彼が読むその書物のタイトルが、読者が「読む」まさにその作品と同じ題名であることで、『はてしない物語』の枠物語としての効果は独特なもの

枠物語＝メタフィクション

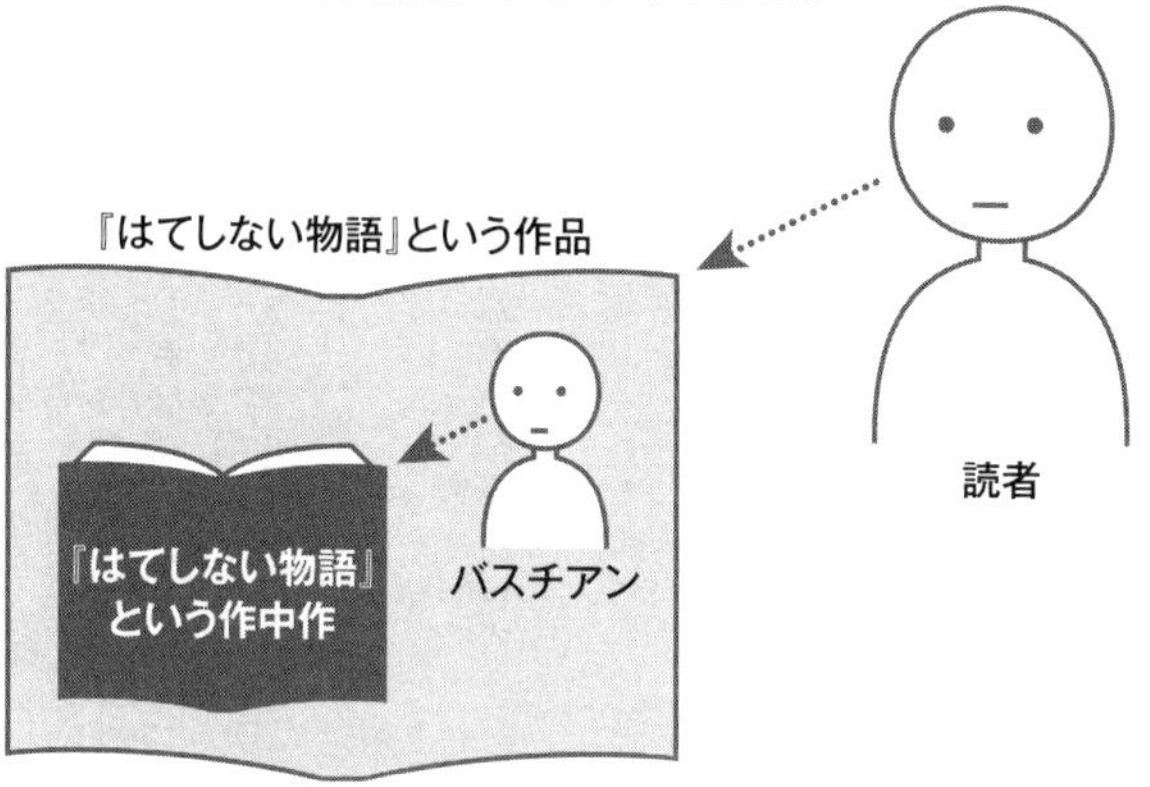

『はてしない物語』では、主人公のバスチアン少年が手にしているファンタージエンの物語が描かれた書物が「枠」となっている。

になっています。

『順列都市』も、コンピューターとそこでプログラムとして実行されるコピー人格（一種のAI）が作中作のように描かれている点で、やはり一種の「枠物語」といえるでしょう。この世界では、コンピューターを動かすことでコピー人格が実行され、その「生きる時間」が仮想的に生み出されています。語り手、語り手の声、語り手が書く文字、書物、そしてそれらを代替するものとしてのコンピューターが、それぞれ「枠」の役割を担っているのです。

書物と貨幣を対象とする議論を続けてきた本論でここまで枠物語に紙幅を割く理由は、『順列都市』における計算資源と費用および時間との関係が、枠物語一般における「枠」にも見出せると考えたからです。『はてしない物語』では、バスチアン少年が書店から作中作の書かれた書物を盗みます。彼はそれを対価を払わずに手に入れますが、作中作の物語を読むために一晩の時間を費やします。『デカメロン』では語り手たちが語りに費やす時間の経過によって、外界に蔓延《まんえん》している疫病の流行の鎮静化が待たれています。『あなたの人生の物語』でも、バンクス博士は自分の娘の命（＝時間）を代償に手記を書いているといえなくはありません。もしバンクス博士が娘の死を知ることがないのであれば、この手記が書かれることもないからです。

仮想世界を支える費用

ところでコンピューターを動かしてプログラムを「走らせる」とは、そこに記述された所定の計算を実行することです。そのためにはコンピューターと、コンピューターにプログラムを実行させる人間（オリジナル人格）がともに存在している世界（基底現実）での時間が必要になります。

計算には特定のコンピューターを必要な時間だけ占有する必要がありますが、当然それには費用が発生します。計算資源はこの費用によって確保されているのです。『順列都市』でＴＶ

C宇宙の生成が開始され、基底現実から乖離しはじめる前に模擬人格を「生き」ている状態にするためには、コンピューターをつかってその人格を「演算」する必要があり、その膨大な計算リソースをまかなう資金が必要になります。

テッド・チャンの『ソフトウェア・オブジェクト〜』でも、インターネット上の仮想環境「データアース」とコンピューター内に仮想的に「生きる」人工知能ペット（AIペット）の「生命」を持続させるには、彼らが「生き」ている場所である「データアース」のサービスを維持する必要があります。「データアース」は一定数のユーザーがいることで運営されている仮想環境なので、競合のサービスにユーザーシェアを奪われてしまうとその環境の維持が難しくなります。

以前の章で述べたとおり、わたしたちが「生きる」現実の世界は、労働者が自分の時間を売って対価を得るという錯覚、あるいは雇用者が労働者の時間を買って奴隷化する錯覚のなかにあります。そのように人が「生きる」姿は、『順列都市』における「コピー」たちや、『ソフトウェア・オブジェクト〜』のAIペットと、ある意味では重なってみえます。

読み上げと時間

あらゆる枠物語はこのように、物語のなかに「枠」をつくり出すための代償として物語内時間を必要とします。それはすなわち物語内のキャラクターが「生きる時間」です。ある物語の読者は、その物語を記した書物を購入するために対価を支払うだけでなく、それを読んでいるあいだにかかる時間をも「対価」として支払っているのです。

物語に時間を対価として差し出すということと、その物語をどのように読むかという問題とのあいだには、一見したところ関わりがないように思えます。しかし書物に書かれていることを声を出して読み上げる音読は、声を出さずに読む黙読よりもはるかに時間がかかります。言い換えるならば、黙読は音読よりも「経済的」なのです。

ところで、アマゾン社のアレクサ、グーグル社のグーグルアシスタント、アップル社のシリのように、音声でユーザーとやりとりをして機器を操作する技術は「音声インターフェース」と呼ばれます。ジェイムズ・ブラホスの『アレクサ vs シリ――ボイスコンピューティングの未来』によれば、これらのテクノロジー企業は音声インターフェースがＡＩの技術と結びつき、画面をみてタッチパネルやキーボードでいちいち入力する手間を省く技術として将来的に大きく発展することを見込んでいます。

　枠物語と計算資源の話から音声ＡＩへと話をつなげたのは、このテクノロジーが音読、黙読に続く「読み聞かせ」という第三の読み方を可能にするからです。読み聞かせは、自分で文字を読むことのできない子供や老人、視覚障害者にとって本を「読む」重要な方法ですが、平均的な視力をもつ成人には不要だと思われるかもしれません。

　しかし、音声ＡＩによる「読み聞かせ」は平均的な視力をもつ人にも恩恵となります。たとえば家事をしながら、あるいはあまり精神集中を必要としない手作業をしながら、読みたいものを「読む」ことを可能にしてくれます。音声ＡＩが登場するよりも前から、ラジオ放送や朗読を録音したカセットテープによって「読み聞かせ」は受容されてきました。渋滞した道路を毎朝毎晩通勤しなければならないアメリカ都市部の労働者など、読み聞かせの恩恵に浴している人は少なくありません。

「ながら聞き／ながら読み」が可能な読み聞かせは、音読や黙読とはまた異なった経済性を帯びてくるでしょう。読み聞かせ用のコンテンツが音楽配信プラットフォームで配信され、定額読み放題のような、これまでとは異なる対価の仕組みができるかもしれません。

主観時間と秘密と永遠

すでにみたように、ホルへ・ルイス・ボルヘスの『バベルの図書館』は司書たちの「生きる時間」と、時間性を超越した書物とを対比することで、書物と時間の関係についてのあらたな視点を提供してくれました。そのボルヘスに『内緒の奇蹟』という短編作品があります。

この作品は、ユダヤ人排斥政策をとっていたナチスドイツの支配下にあったチェコで、秘密警察ゲシュタポに捕らえられ、処刑されることになったひとりの作家の姿を描いています。ユダヤ人作家フラディークは、銃殺隊によって処刑されるまさにその瞬間、ある作品を完成させるためにあと一年の時間が欲しいという祈りを神に捧《ささ》げます。その祈りが通じ、彼は殺されるまでの一瞬（客観時間）が、一年分の体感時間（主観時間）に引き伸ばされるという体験をします。神の恩寵によって得た「体感時間の一年」をかけてフラディークが脳内でつくった作品は、彼が処刑されてしまうためにおおやけにされることはなく、ゆえにこの作品は「内緒の奇蹟」となるのです。

ボルヘスの短編集『伝奇集』には『内緒の奇蹟』に続けて『ユダについての三つの解釈』という作品が収録されています。この作品では、キリスト教の開祖イエスを裏切り、銀貨と引き換えにイエスの刑死の直接の原因となった使徒ユダをどう解釈するかという神学の論争が記述されています。イエスを死に追いやり、その対価として貨幣を受け取った裏切り者というユダのイメージは一般的なものです。しかしこの作品では、そのユダすらも全能の神が創造したものであり、その裏切りにも何か聖なる意味があるのではないか、という考察が検討されます。

この考察においてユダは、イエスが刑死し自分も裏切り者として永遠に侮蔑されることを知っています。そのうえでユダは、キリスト教を成立させるために欠かせないイエスの刑死という事態を実現するために、あえて裏切り者になったとされるのです。このユダの「裏切り」の尊さは、『内緒の奇蹟』におけるフラディークの創作と同様、客観的には判断ができない主観時間におけるものです。本人の意図がどのようなものであっても、客観的にはユダはやはり裏切り者であり、イエスは刑死することになるからです。

裏切りと銀貨

ボルヘスは『伝奇集』所収の別の短編『刀の形』や『裏切り者と英雄のテーマ』においても、やはりこの「裏切り」と、主観時間と客観時間のズレを描いています。

裏切りは一瞬の出来事であり、ユダたち裏切り者はその後、永遠に罪を負うことになります。

しかしさきほどの解釈が正しければ、客観的に罪とされる時間を超越した永遠のなかで、たびたび「裏切り」を演じるユダの聖性を帯びた一瞬は再生され続けることになるのです。

ユダは、イエスの命と銀貨を受け取るという負債を代償にしてみずからを聖なる一瞬のなかに畳み込み、罪という永遠にみずからを登録したともいえるでしょう。その「裏切り」を解釈するたびにユダの「生きた時間」は再生され、読者の前に開かれることになるのです。

ユダがイエスを売り渡すときに受け取った銀貨は、その額面がいくらであったにせよ、またそれが何枚であったにせよ、救世主の命と釣りあうものではありませんでした。また、ボルヘスの記した解釈が妥当なのだとしたら、ユダはただイエスを裏切るだけでよく、対価の銀貨を受け取る必要はなかったはずです。

そもそも貨幣をもちいた取引において、支払われる金額が妥当かどうかは重要ではありません。第三章ですでに述べたとおり、ある商品の価格は恣意的に決定され、その根拠は究極的には存在しないからです。銀貨を受け取ったことでユダが事実上おかしたことになる「裏切り」は、解釈しなければその聖性を見出すことのできないもの、つまり聖性を隠しもつブラックボックスなのです。

わたしは本論で、メソポタミア文明のころの人類が、貨幣をもちいるようになるよりも前にトークンをつかい、またやがては楔形《くさびがた》文字を記した粘土板をもちいて、ウシなどの在庫管理を行なっていたことにふれました。粘土板に記されていた現存する人類最古の文字は、文明の最初期から数字がつかわれてきたということをあかしだてています。

数字はそれによって数え上げた対象を抽象化し、モノを捨象してしまいます。数字と単位のセットとして存在する貨幣も、この数字の抽象化とモノの捨象作用を帯びています。岩井克人《かつひと》が『貨幣論』で指摘したとおり、貨幣は商品とは無関係に自己言及的なシステムをつくっており、マルクスが『資本論』で持ち込もうとした労働時間（労働価値）が残存できる余地はそこにはありません。

『文芸的な、余りに文芸的な』

芥川龍之介は遺作となる『或阿呆の一生』を書いた一九二七年に、『文芸的な、余りに文芸的な』という評論を連載していました。そこにはアンドレ・ジッドが『贋金つかい』で目指していた「純粋小説」と同じ言葉、「純粋な小説」が使用されています。

「話」らしい話のない小説は勿論唯《もちろんただ》身辺雑事を描いただけの小説ではない。それはあらゆる小説中、最も詩に近い小説である。しかも散文詩などと呼ばれるものよりも遥かに小説に近いものである。僕は三度繰り返せば、この「話」のない小説を最上のものとは思つてゐない。が、若《も》し「純粋な」と云ふ点から見れば、――通俗的興味のないと云ふ点から見れば、最も純粋な小説である。もう一度画《え》を例に引けば、デッサンのない画は成り立たない。(カンディンスキイの「即興」などと題する数枚の画は例外である。)しかしデッサンよりも色彩に生命を託した画は成り立つてゐる。幸ひにも日本へ渡つて来た何枚かのセザンヌの画は明らかにこの事実を証明するのであらう。僕はかう云ふ画に近い小説に興味を持つてゐるのである。

(『文芸的な、余りに文芸的な』)

『文芸的な、余りに文芸的な』は、用語の定義も結論らしい結論もなく、論旨を汲《く》み取りにくい評論であり、芥川がいう「純粋な小説」が何なのか、結局のところ判然としません。しかし「最上のものとは思つてゐない」と断り書きを添えながらも、「最も詩に近い小説」「画に近い小説」という言い方で、他ジャンルに接近する小説こそが「純粋な小説」であるという主張を試みていることは読み取れます。それが「話」らしい話のない小説ということでしょう。

この評論そのものが、いわば読解を拒むブラックボックスなのですが、あえてこれを「開く」、つまり解釈をしてみるならば、次のようになるのではないでしょうか。

芥川にとっては、先述したボルヘスの『ユダについての三つの解釈』のような、それじたいが「ブラックボックスを開ける」ような物語でさえも「話」らしい話のある小説であり、それを迂回《うかい》するような小説を模索していたのではないか。「ブラックボックスを開けることのない」話とは、枠物語の「枠」が「枠」として機能せず、開けるべきブラックボックスをみつけられないような物語です。それはかつて『杜子春』や『魔術』のような、あからさまに「ブラックボックスを開ける話」を書いてきた芥川が、最後に自己批判的に見出した路線だったのかもしれません。

芥川のいう「純粋な小説」とは、いわば「ただそこにあることをそのままに書く」ようなものでした。そうであれば「話」らしい話にもならず、みずからを「開く」ことも、その意図を解読されることもないからです。それはブラックボックスのまま存在しうるのです。

ところで、何を意味しているのかわからないブラックボックス的な文字列は、ふつう「暗号文」と呼ばれます。芥川が「純粋な小説」と呼んだものが、暗号文だったとはいえないでしょう。しかしボルヘスの『ユダについての三つの解釈』ではなく、その「元ネタ」である聖書において、ユダが描写されている箇所ならば、どうでしょうか。

それじたいが謎めいている聖書のユダの行状は、ボルヘスにそれを解釈した小説を書かせる程度にはブラックボックス的なものでした。芥川が模索した「純粋な小説」とは、聖書のように「しようと思えばさまざまな解釈は可能だが、それじたいでは解釈を行なわない」ような話だったのかもしれません。

融解する「枠」

批評家の東浩紀《あずまひろき》は『サイバースペースはなぜそう呼ばれるか』という論考で、『アンドロイドは電気羊の夢を見るか?』の作者フィリップ・K・ディックの諸作品を解釈しながら、実在しないにもかかわらず、あたかも実在する空間のように語られる「サイバースペース」について論じています。

東はエドワード・サイードの『オリエンタリズム』をサイバースペースに結びつけた「テクノ・オリエンタリズム」という概念を参照しつつ、サイバースペースの空間性を批判的に読み解いていきます。その過程で、ディック作品において枠物語の「枠」が、いわば融解して遍在するようになる様子が指摘されています。

枠物語においては、その「枠」のなかにある世界(つまり虚構世界内虚構世界)は、「実在しな

枠物語の「枠(frame)」

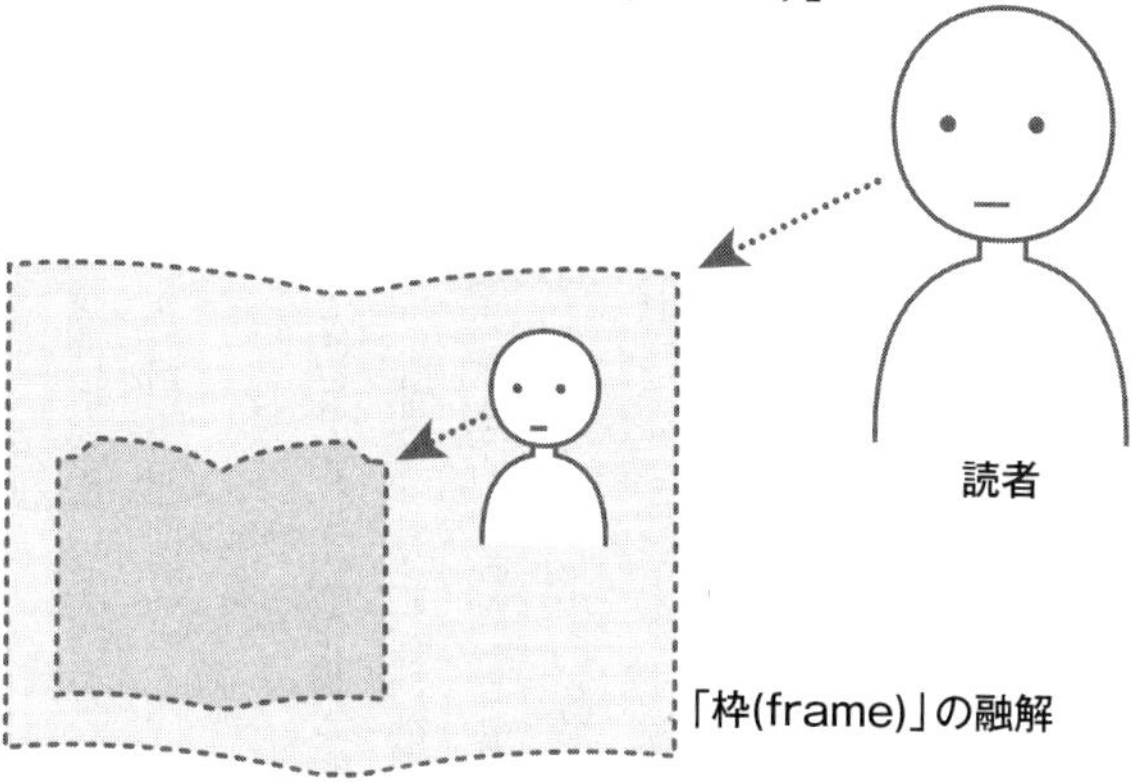

東はディック作品において枠物語の「枠」が、いわば融解して遍在するようになる様子を指摘している。

いにもかかわらず、あたかも実在するかのように語られる空間」すなわちサイバースペース的な場所です。ただしサイバーパンクの元祖と呼ばれるウィリアム・ギブスンの作品では、登場人物は現実空間とサイバースペースとのあいだで物質的身体から電子的身体に「乗り換え（スイッチング）」するだけで、その同一性が脅かされることはないと東は論じています。

しかしディックの諸作品においては、サイバースペースへの没入（ジャック・イン）の前後でその同一性は惑乱し、サイバースペースから帰還したはずの登場人物の世界に、サイバースペースの世界の事物があらわれるようになったりします。

一般に時間は空間と対比的に語られますが、少なくともディックのある種の作品の登場人物たちにとって、時間と空間は不可分なものになっています。そのため、ある登場人物がサイバースペースという仮想空間に没入し、その体験をしただけで、その時間軸に作品世界の全体が巻き込まれていくことになります。ディックの『ユービック』や『ヴァリス』では、登場人物の主観的な空間と時間が作中の世界を支配しているのです。

イーガンの『順列都市』やチャンの『あなたの人生の物語』、ボルヘスの『バベルの図書館』のような、客観的な時間が強固に存在しているがゆえの「閉じ（永遠）」と「開き（生きる時間）」の鮮烈な対比は、ディックの作品には存在しません。

ディックのこれらの作品においては、ブラックボックスをいくつ開いても、作品に描かれている「ただそこにある」謎はまったく解明されません。登場人物たちはわけがわからないまま、主観時間の進行に身を任せ、あがくことしかできないのです。にもかかわらず、このことがきわめて強力なリアリティを作品に与えているのです。ディックは、芥川が晩年に指摘した「『話』らしい話のない小説」を、その意味では描き得ていたのかもしれません。

かつてないブラックボックス化の時代へ

本論をしめくくるにあたって、「枠物語」を否定するような芥川とディックの作品の例を引いたのは、文学作品がどのように、それ自身がもつブラックボックス性と向きあってきたのかを示すためでした。文学作品は文字と言語によってつくり出されるブラックボックスですが、その文字や言語もまたブラックボックスにほかなりません。枠物語は、この「ブラックボックスでブラックボックスをつくる」という文学の構造を利用した自己言及的なジャンルですが、芥川やディックは、その自己言及性を否定することで、「枠物語というブラックボックス」をさらに外側から、可視化しようとしたともいえるでしょう。本論を読み終えた読者諸氏それぞれの主観時間において、これからみるモノやコトのひとつひとつが、「開かれることを待つブラックボックス」にみえてくるようになれば幸いです。

なお本論のほぼすべては、わたしの手のなかに収まるひとつのブラックボックス、iPhoneで執筆され、推敲《すいこう》にあたってはiOSに内蔵された音声ＡＩ「シリ」による読み上げを利用しました。「不可視化」という（逆説的ながらも）視覚的な表現で、本論のメインテーマであるブラックボックスを性格づけてきましたが、その読み上げを聞いているときのわたしは、本論を自分でもじゅうぶんにとらえきれない、ひとつのブラックボックスとしてとらえていました。

音声ＡＩはiPhoneのようなスマートデバイスに限定されるものではありません。家電や自動車、街中の広告などがわたしや読者に「語りかけて」くる未来はすぐそこまで来ています。誰が、何が、なぜ、どのように語りかけてくるのかが不可視化される、かつてないブラックボックス化の時代が遠からず訪れるでしょう。

そのころの書物や貨幣は、わたしたちにはみることも触ることもできない姿になっているかもしれません。

あとがき

世の中には、ブラックボックスという言葉に過剰反応を示す人たちがいます。「そこにある」ことが明確なのに「何がそこにある」のかが不明確であるというブラックボックスの性質を前にして、そのままにしておくことが耐えられないからです。

あらゆるものがブラックボックスであると主張する本論は、そのような人たちには受けいれがたいと思われるかもしれません。しかし、わたしが本論でいいたかったのはブラックボックスをブラックボックスのままにしてよいということではありません。ブラックボックスはむしろ、「何がそこにある」のかを不明確にしながら「そこにある」ことで、不明確なその中身を暴きたいという動機をある種の人に与えます。ブラックボックスがブラックボックスであるというその「ブラックボックス性」は、落とし穴に落ちた人が地上に戻るためにつかう梯子《はしご》のようなもので、地上に戻ったあとには不要になるのです。つまり、そのなかに何があるか明確になったならば、それはもうブラックボックスではなくなるのです。もっとも、だいたいのブラックボックスは入れ子状になっていて、中身を明確にしてもまた別のブラックボックスがあらわれるだけかもしれません。

本論の前半をなす第一章と第二章は、この入れ子状のブラックボックスをどんどん開けていく手つきをパフォーマンスするものでした。さきほどの落とし穴と梯子のたとえでいうならば、地上に戻ったと思ったらそれはまだ落とし穴のなかで、さらに戻るための梯子がかかっているといえばいいでしょうか。

そこにブラックボックスがあることがわからなければ、そのなかにあるブラックボックスに気がつくこともできません。完全に不可視なブラックボックスは、定義上、みえないのでそれと指摘することはできません。また、完全に透明なものは、これも定義上、不可視でしょう。ブラックボックスとは、そのなかにあるものを不可視化する代わりに、それそのものは可視化されているのです。ブラックボックスは、その出現が最大のヒントなのかもしれません。

本論では「不可視化」を主要なテーマのひとつにしてきましたが、完全な不可視でもなく、完全に透明なわけでもない中途半端な覆いがブラックボックスです。みえるようでみえない、みえないようでみえる、その中途半端さがひとを苛立《いらだ》たせるのです。しかし中途半端だからこそ、その中身は入れ子状になって複雑さを含み込むことができるようになります。したがって本論は、じつは中途半端さと複雑さについて書かれたものでもあります。

世の中にはさまざまな中途半端さと複雑さがあり、無数のブラックボックスたちの違いはその中途半端さと複雑さに起因しています。この中途半端さと複雑さは、ブラックボックスを単に「みえない箱」として無視していると、ふれることも味わうこともできません。なんでもないもの、見慣れたもの、ありふれたもの（コモディティ）をみる目を新しくして、そこに何が畳み込まれているのか、何が中途半端にみえて、何が中途半端にみえないのか、何がどう複雑なのか、それを知ることで、さらなるブラックボックスが開かれはじめるのです。


「時間」もまた本論のテーマのひとつです。古くからクロノス時間（客観時間）とカイロス時間（主観時間）と呼ばれて区別されてきたものを、永遠と「生きられる時間」に言い換えて扱ってきました。本論を読んできてくださった読者の皆さんなら、永遠と「生きられる時間」のあいだにあるズレをブラックボックスが埋めているということがわかるでしょう。

単純に考えるならば、永遠とは「生きられる時間」がずっと連続していくことだし、「生きられる時間」は永遠から切り出されたものです。しかし実際には、永遠は想像力なしには思い描くことができないし、「生きられる時間」を永遠のなかから切り出されたものとみなすためには、そこに生きている誰かの身体《からだ》を想定する必要があります。そして想像力も身体も、それぞれ独自の中途半端さと複雑さをもっています。

ひとは、それぞれに中途半端でそれぞれに複雑な想像力と身体をもっていて、だからこそそれぞれに中途半端で複雑な時間を生きています。本論でもっとも多く言及した書物と貨幣というブラックボックスは、「中途半端さと複雑さ」の膨大な多様さと煩雑さを調停し、何かを伝えたり、何かの事業を推進するために利用されてきました。

「この本はどこからでも読めるように書きました」と著者が述べている本は珍しくありません。しかし読者は著者に許されるまでもなく、ある書物を好きなページから読むことができるのです。そもそもひとは、産まれた瞬間に始まり死によって終わる「生」を直線的に生きている、と思いがちです。はたして本当にそうなのでしょうか。そう考えるようになったのはなぜでしょうか。ある時間に始まり、ある時間に終わる線状の時間を想定して、その線のうえを移動する点として自分の人生を考えるならば、ひとは出生から死までの連続のなかを生きているのかもしれません。しかし、「生」が、何もかもほぼ完全にはわからない中途半端さと複雑さの奔流にもてあそばれているだけであり、さきに述べた線状の人生観は、さしあたり自分たちを納得させるだけの物語でしかなかったとしたらどうでしょうか。

そのとき、線状の人生観はまさに「藁《わら》をもつかむ」ように必死に頼るしかないモデルになるでしょう。でも、ほかの「生」のとらえ方は不可能なのでしょうか。たとえば、書物を最初のページから最後のページまで線的に読み進めるのではなく、好きなページ、好きな章、好きな単語や好きなキャラクターの部分を拾い読みして独自の「読み」をつくり出してしまうように「生」をとらえることはできないでしょうか。

実際のところ、ひとは病や睡眠、事故、スポーツやゲームへの没入、アルコールや薬物による酩酊《めいてい》によって、肉体の出生から死までの線的な連続から意識を分離して、そのあいだの時間をより濃密なものに感じたり、忘却して空白なものにしてしまったりします。一律の太さや濃さをもった単一の線だと思っていた生は、じつは突然に太くなったり濃くなったり、逆に細くなったり薄くなったり、途切れ途切れの破線になったりするのです。

いままでこのあとがきに書いてきたことは、もうすでに中途半端であり、かなり複雑なものかもしれません。なぜならばそれはひとりひとり異なるさまざまなひとの「生」というブラックボックスについて書いているからです。

ひとの「生」がブラックボックスであるように、人類の歴史もまたブラックボックスです。事実と虚構を明確に区別して、語り手の知りえた情報から可能な限り事実に近づけていこうとしつつも仕方なく虚構を書いているという自覚のある歴史家もいますが、多くのひとは歴史を事実の単なる集合として理解しています。ひとの解釈によって事実が歪曲されるということを是認しているわけではありません。ただ、歴史には多くのひとの中途半端な知識、複雑すぎて書き残すことも読み取ることも難しい思惑が含まれています。その中途半端さや複雑さを状況に応じて整形したものが歴史の総体として引き継がれていくのです。

わたしが書いた『積読こそが完全な読書術である』（イースト・プレス、二〇二〇年）のあとがきには、貨幣やコンピューターについて扱いたかったがあえて削ったという中途半端な記述がありました。フリー編集者の仲保暁生氏がその記述に関心を示してくれたので、仲保氏とわたしで企画を練り、集英社新書編集部に持ち込みました。仲保氏は、『積読こそが完全な読書術である』でたびたび参照した西牟田靖氏著『本で床は抜けるのか』（中公文庫、二〇一八年）のウェブ連載時の編集者でもあります。

本論のもとになった原稿は、集英社新書のウェブサイト「集英社新書プラス」で、二〇二〇年十一月から二〇二一年三月まで、ほぼ毎週更新の連載として公開されたものです。連載時の原稿に手を加え、中途半端さや複雑さをあるていど整形したものが本論です。企画段階、連載時、そして書籍化の各段階で仲俣氏と集英社の西潟龍彦氏、そして吉田隆之介氏に繰り返し編集の手を入れていただき、道筋を失いがちな拙論はかなり読みやすくわかりやすいものになったと思います。三人もの編集者の方々のお力を借りられたことについて、この場をお借りして深くお礼申し上げます。本論をわかりやすく読んでもらうために不可欠な図表は、株式会社ウエイドの原田鎮郎氏に手がけていただきました。抽象度が高くわかりにくいわたしの議論の内容をよく嚙《か》み砕いて視覚化してくださいました。

また、何人かの研究者や友人たちに拙論の全部または一部を勝手に送りつけ感想や批評を求めたので、それらに対する返答のつもりで改稿した箇所があります。なかでも星野太氏、伊勢康平氏からのコメントには助けられました。ここでは名前を挙げていないほかの方々からいただいたご感想にもおおいに励まされました。もっともいうまでもないことですが、本文に誤りが含まれていた場合、その責任はすべてわたしにあります。

また本論は、第一章冒頭にもあるとおり、そのほとんどの部分が iPhone によって書かれています。iPhone のタッチパネルで、iPhone にインストールしたテキストエディタに文章を書き込み、それを Google Document にコピペし、そのURLをLINEで編集者と共有、もっぱら提案機能で手を入れてもらうという流れです。原稿の進行は Google Spreadsheet をカレンダーや議事録のようにつかい、これも編集者と共有して運用しました。本論の執筆のために必要な資料はもっぱらアマゾンで取り寄せ、書けた文章を第三者に読んでもらうときにはTwitter や Facebook のメッセージ機能をつかいました。アマゾンで書籍を取り寄せるときの決済機能は通信業者への支払いに合算するいわゆるキャリア決済を使用しています。編集者との打ちあわせにはしばしば Zoom を利用しました。

いわゆるGAFAをはじめとするテクノロジー企業にはお金と時間をかなり吸い取られましたが、可能な限り活用しようと試みました。書物の書き手がその本をどのように書いたか、ということもだいたいの場合は読者からすればブラックボックスです。ひとむかし前までは原稿用紙にペンで書いたものを物理的に移動させていたところを、テキストファイルを電子的にやりとりするようになり、今後はどのようになっていくのでしょうか。

わたしの家族と恋人の存在、連載時に拙論を読んでくださった方や、本書を手に取ってくださった方々、編集部から書店にいたる流通網を維持してくださる方々、そのほか数えはじめたらキリがない無数のブラックボックスたちが本論とわたしを支えてくれています。中途半端で複雑ではありますが、すべてを畳み込んでただ「感謝しています」とだけ書きつけて本論をしめくくりたいと思います。

引用・参考文献一覧（各章の登場順。重複して出てくるものは初出のみ表記）

第一章
菊池明郎「東日本大震災と出版業界――未曽有の事態にどう対応したのか」、「出版研究」第43号、日本出版学会、二〇一二年
ブレット・キング、藤原遠監訳・上野博・岡田和也訳『BANK 4.0　未来の銀行』東洋経済新報社、二〇一九年
ブラッド・ストーン、井口耕二訳『ジェフ・ベゾス　果てなき野望――アマゾンを創った無敵の奇才経営者』日経BP、二〇一四年
カズオ・イシグロ、土屋政雄訳『日の名残り』ハヤカワepi文庫、二〇〇一年
チャック・パラニューク、池田真紀子訳『ファイト・クラブ』ハヤカワ文庫、二〇一五年
ジェイムズ・オーウェン・ウェザーオール、高橋璃子訳『ウォール街の物理学者』早川書房、二〇一三年
トマ・ピケティ、山形浩生・守岡桜・森本正史訳『21世紀の資本』みすず書房、二〇一四年
ジャン＝ジョゼフ・グー、土田知則訳『言語の金使い――文学と経済学におけるリアリズムの解体』新曜社、一九九八年

第二章
印刷博物館編『日本印刷文化史』講談社、二〇二〇年

ケイレブ・エヴェレット、屋代通子訳『数の発明――私たちは数をつくり、数につくられた』みすず書房、二〇二一年
ウィリアム・ギブスン、ブルース・スターリング、黒丸尚訳『ディファレンス・エンジン』上・下、ハヤカワ文庫、二〇〇八年
カール・B・フレイ、村井章子・大野一訳『テクノロジーの世界経済史――ビル・ゲイツのパラドックス』日経BP、二〇二〇年
ジョバンニ・ボッカチオ『デカメロン』（河出文庫、ちくま文庫ほか）
前田愛『近代読者の成立』岩波現代文庫、二〇〇一年
アウグスティヌス『告白』（岩波文庫、中公文庫ほか）
ウンベルト・エーコ、河島英昭訳『薔薇の名前』上・下、東京創元社、一九九〇年
ジェイコブ・ソール、村井章子訳『帳簿の世界史』文春文庫、二〇一八年
植村峻『贋札の世界史』角川ソフィア文庫、二〇二〇年
牛僧孺、今村与志雄訳『杜子春』、『唐宋伝奇集』下、岩波文庫、一九八八年
森安孝夫『興亡の世界史　シルクロードと唐帝国』講談社学術文庫、二〇一六年
プラトン、藤沢令夫訳『パイドロス』岩波文庫、一九六七年

第三章

デビッド・ヒューム、土岐邦夫・小西嘉四郎訳『人性論』中公クラシックス、二〇一〇年

カント『純粋理性批判』（岩波文庫、光文社古典新訳文庫ほか）
エトムント・フッサール、ジャック・デリダ序説、田島節夫・矢島忠夫・鈴木修一訳『幾何学の起源』新装版、青土社、二〇一四年
マルティン・ハイデガー、関口浩訳『技術への問い』平凡社ライブラリー、二〇一三年
ベルナール・スティグレール、石田英敬監修・西兼志訳『技術と時間』1〜3、法政大学出版局、二〇〇九〜二〇一三年
ユク・ホイ（許煜）、仲山ひふみ訳「芸術と宇宙技芸」第一回、「ゲンロン10」ゲンロン、二〇一九年
カール・マルクス『資本論』（岩波文庫ほか）
ゲオルク・ジンメル、鈴木直訳「近代文化における貨幣」、北川東子編訳・鈴木直訳『ジンメル・コレクション』ちくま学芸文庫、一九九九年
今村仁司『貨幣とは何だろうか』ちくま新書、一九九四年
岩井克人『貨幣論』ちくま学芸文庫、一九九八年
アンドレ・ジッド『贋金つかい（贋金づくり）』（岩波文庫、新潮文庫ほか）
アンドレ・ジッド、川口篤訳『カンドール王』、川口篤・岸田國士・宮崎嶺雄・堀口大學訳『アンドレ・ジイド全集』第10巻、新潮社、一九五一年
ピエール・クロソウスキー、若林真訳『ロベルトは今夜』河出文庫、二〇〇六年
ピエール・クロソウスキー、ピエール・ズッカ写真、兼子正勝訳『生きた貨幣』青土社、二〇〇〇年
アンドレ・ジッド、二宮正之訳『贋金づくりの日記』、『アンドレ・ジッド集成Ⅳ』筑摩書房、二〇一七年

デヴィッド・グレーバー、酒井隆史・芳賀達彦・森田和樹訳『ブルシット・ジョブ――クソどうでもいい仕事の理論』岩波書店、二〇二〇年
大友克洋『AKIRA』1～6、KCデラックス、一九八四～一九九三年
弐瓶勉『新装版　BLAME!』1～6、アフタヌーンKCDX、二〇一五年
ブノワ・ペータース作、フランソワ・スクイテン画、原正人訳『闇の国々［分冊版］Kindle版　狂騒のユルビカンド』小学館集英社プロダクション、二〇一三年
ホルヘ・ルイス・ボルヘス、篠田一士訳『バベルの図書館』、『伝奇集／エル・アレフ』グーテンベルク21、二〇一七年
ホルヘ・ルイス・ボルヘス、木村榮一訳『語るボルヘス――書物・不死性・時間ほか』岩波文庫、二〇一七年
カルロ・ロヴェッリ、冨永星訳『時間は存在しない』NHK出版、二〇一九年
ミヒャエル・エンデ、大島かおり訳『モモ』岩波少年文庫、二〇〇五年
トーマス・マン、高橋義孝訳『魔の山』上・下、新潮文庫、一九六九年
ジャン＝リュック・ナンシー、西宮かおり訳『思考の取引――書物と書店と』岩波書店、二〇一四年

第四章
芥川龍之介『或阿呆の一生』（『河童・或阿呆の一生』新潮文庫ほか）
芥川龍之介『魔術』（『芥川龍之介全集3』ちくま文庫ほか）

プラトン『国家』（岩波文庫ほか）
マルセル・プルースト、高遠弘美訳『失われた時を求めて』1、光文社古典新訳文庫、二〇一〇年
フィリップ・K・ディック、浅倉久志訳『アンドロイドは電気羊の夢を見るか？』ハヤカワ文庫、一九七七年
メアリー・シェリー、小林章夫訳『フランケンシュタイン、あるいは現代のプロメテウス』、『フランケンシュタイン』光文社古典新訳文庫、二〇一〇年
士郎正宗『攻殻機動隊』1・2、ヤングマガジンKCDX、一九九一年・二〇〇一年
グレッグ・イーガン、山岸真訳『順列都市』上・下、ハヤカワ文庫、一九九九年
テッド・チャン、大森望訳『偽りのない事実、偽りのない気持ち』、『息吹』早川書房、二〇一九年
テッド・チャン、公手成幸訳『あなたの人生の物語』、浅倉久志ほか訳『あなたの人生の物語』ハヤカワ文庫、二〇〇三年
夏笳、中原尚哉訳『おやすみなさい、メランコリー』、ケン・リュウ編『月の光』早川書房、二〇二〇年
ミヒャエル・エンデ、上田真而子・佐藤真理子訳『はてしない物語』上・下、岩波少年文庫、二〇〇〇年
テッド・チャン、大森望訳『ソフトウェア・オブジェクトのライフサイクル』、『息吹』早川書房、二〇一九年
ジェイムズ・ブラホス、野中香方子訳『アレクサvsシリ――ボイスコンピューティングの未来』日経BP、二〇一九年
ホルヘ・ルイス・ボルヘス、篠田一士訳『内緒の奇蹟』、『伝奇集／エル・アレフ』グーテンベルク21、二

〇一七年
ホルヘ・ルイス・ボルヘス、篠田一士訳『ユダについての三つの解釈』、『伝奇集／エル・アレフ』グーテンベルク21、二〇一七年
芥川龍之介『文芸的な、余りに文芸的な』（『侏儒の言葉　文芸的な、余りに文芸的な』岩波文庫ほか）
東浩紀『サイバースペースはなぜそう呼ばれるか』、『サイバースペースはなぜそう呼ばれるか＋東浩紀アーカイブス２』河出文庫、二〇一一年

永田　希（ながた　のぞみ）

著述家・書評家。一九七九年、米国コネチカット州生まれ。書評サイト「Book News」主宰。「週刊金曜日」書評委員。「ダ・ヴィンチ」ブックウォッチャーの一人として毎月選書と書評を担当。著書に『積読こそが完全な読書術である』(イースト・プレス)。

書物《しょもつ》と貨幣《かへい》の五千年史《ごせんねんし》

集英社新書一〇八三B

二〇二一年九月二二日　第一刷発行

著者……永田《ながた》　希《のぞみ》

発行者……樋口尚也

発行所……株式会社集英社

東京都千代田区一ツ橋二-五-一〇　郵便番号一〇一-八〇五〇

電話　〇三-三二三〇-六三九一(編集部)

〇三-三二三〇-六〇八〇(読者係)

〇三-三二三〇-六三九三(販売部)書店専用

装幀……原　研哉

印刷所……凸版印刷株式会社

製本所……ナショナル製本協同組合

定価はカバーに表示してあります。

ISBN 978-4-08-721183-2 C0236

Printed in Japan

a pilot of wisdom

集英社新書　好評既刊

社会――B

奇跡の村　地方は「人」で再生する　相川俊英
日本の犬猫は幸せか　動物保護施設アークの25年　エリザベス・オリバー
おとなの始末　落合恵子
性のタブーのない日本　橋本治
ジャーナリストはなぜ「戦場」へ行くのか　危険地報道を考えるジャーナリストの会・編
医療再生　日本とアメリカの現場から　大木隆生
ブームをつくる　人がみずから動く仕組み　殿村美樹
「18歳選挙権」で社会はどう変わるか　林大介
3．11後の叛乱　反原連・しばき隊・SEALDs　笠井潔／野間易通
「戦後80年」はあるのか――「本と新聞の大学」講義録　一色清／姜尚中ほか
非モテの品格　男にとって「弱さ」とは何か　杉田俊介
「イスラム国」はテロの元凶ではない　川上泰徳
日本人　失格　田村淳
たとえ世界が終わっても　その先の日本を生きる君たちへ　橋本治
あなたの隣の放射能汚染ゴミ　まさのあつこ
マンションは日本人を幸せにするか　榊淳司

敗者の想像力　加藤典洋
人間の居場所　田原牧
いとも優雅な意地悪の教本　橋本治
世界のタブー　阿門禮
明治維新150年を考える――「本と新聞の大学」講義録　一色清／姜尚中ほか
「富士そば」は、なぜアルバイトにボーナスを出すのか　丹道夫
男と女の理不尽な愉しみ　林真理子／壇蜜
欲望する「ことば」「社会記号」とマーケティング　嶋浩一郎／松井剛
ぼくたちはこの国をこんなふうに愛することに決めた　高橋源一郎
ペンの力　浅田次郎／吉岡忍
「東北のハワイ」は、なぜV字回復したのか　スパリゾートハワイアンズの奇跡　清水一利
村の酒屋を復活させる　田沢ワイン村の挑戦　玉村豊男
デジタル・ポピュリズム　操作される世論と民主主義　福田直子
戦後と災後の間――溶融するメディアと社会　吉見俊哉
「定年後」はお寺が居場所　星野哲
ルポ　漂流する民主主義　真鍋弘樹
ルポ　ひきこもり未満　池上正樹

a pilot of wisdom

中国人のこころ「ことば」からみる思考と感覚	小野秀樹
わかりやすさの罠 池上流「知る力」の鍛え方	池上彰
メディアは誰のものか ――「本と新聞の大学」講義録	一色清 姜尚中 ほか
京大的アホがなぜ必要か	酒井敏
天井のない監獄 ガザの声を聴け！	清田明宏
限界のタワーマンション	榊淳司
日本人は「やめる練習」がたりてない	野本響子
俺たちはどう生きるか	大竹まこと
「他者」の起源 ノーベル賞作家のハーバード連続講演録	トニ・モリスン
言い訳 関東芸人はなぜM-1で勝てないのか	ナイツ 塙宣之
自己検証・危険地報道	安田純平 ほか
都市は文化《アート》でよみがえる	大林剛郎
「言葉」が暴走する時代の処世術	太田光 山極寿一
性風俗シングルマザー	坂爪真吾
美意識の値段	山口桂
ストライキ2.0 ブラック企業と闘う武器	今野晴貴
香港デモ戦記	小川善照
ことばの危機 大学入試改革・教育政策を問う	東京大学文学部広報委員会・編
国家と移民 外国人労働者と日本の未来	鳥井一平
ＬＧＢＴとハラスメント	神谷悠一 松岡宗嗣
変われ！東京 自由で、ゆるくて、閉じない都市	隈研吾 清野由美
東京裏返し 社会学的街歩きガイド	吉見俊哉
人に寄り添う防災	片田敏孝
プロパガンダ戦争 分断される世界とメディア	内藤正典
イミダス 現代の視点2021	イミダス編集部・編
中国法「依法治国」の公法と私法	小口彦太
福島が沈黙した日 原発事故と甲状腺被ばく	榊原崇仁
女性差別はどう作られてきたか	中村敏子
原子力の精神史――〈核〉と日本の現在地	山本昭宏
ヘイトスピーチと対抗報道	角南圭祐
世界の凋落を見つめて クロニクル２０１１－２０２０	四方田犬彦
「自由」の危機 ――息苦しさの正体	藤原辰史 内田樹 ほか
「非モテ」からはじめる男性学	西井開
妊娠・出産をめぐるスピリチュアリティ	橋迫瑞穂

a pilot of wisdom

集英社新書　好評既刊

演劇入門　生きることは演じること
鴻上尚史　1072-F

日本人が「空気」を読むばかりで、つい負けてしまう「同調圧力」。それを跳ね返す「技術」としての演劇論。

落合博満論
ねじめ正一　1073-H

天才打者にして名監督、魅力の淵源はどこにあるのか？　理由を知るため、作家が落合の諸相を訪ね歩く。

新世界秩序と日本の未来　米中の狭間でどう生きるか
内田 樹／姜尚中　1074-A

コロナ禍を経て、世界情勢はどのように変わるのか。ふたりの知の巨人が二〇二〇年代を見通した一冊。

ドストエフスキー　黒い言葉
亀山郁夫　1075-F

激動の時代を生きた作家の言葉から、今を生き抜くためのヒントを探す、衝撃的な現代への提言。

「非モテ」からはじめる男性学
西井 開　1076-B

モテないから苦しいのか？「非モテ」男性が抱く苦悩を掘り下げ、そこから抜け出す道を探る。

完全解説 ウルトラマン不滅の10大決戦
古谷 敏／やくみつる／佐々木徹　1077-F

『ウルトラマン』の「10大決戦」を徹底鼎談。初めて語られる撮影秘話や舞台裏が次々と明らかに！

原子の力を解放せよ　戦争に翻弄された核物理学者たち
浜野高宏／新田義貴／海南友子　1078-N〈ノンフィクション〉

謎に包まれてきた日本の〝原爆研究〟の真相と、戦争の波に巻き込まれていった核物理学者たちの姿に迫る。

文豪と俳句
岸本尚毅　1079-F

近現代の小説家たちが詠んだ俳句の数々を、芭蕉や虚子などの名句と比較しながら読み解いていく。

妊娠・出産をめぐるスピリチュアリティ
橋迫瑞穂　1080-B

「スピリチュアル市場」は拡大し、女性が抱く不安と結びついている。その危うい関係と構造を解明する。

世界大麻経済戦争
矢部 武　1081-A

「合法大麻」の世界的ビジネス展開「グリーンラッシュ」に乗り遅れた日本はどうすべきかを検証。